Bei den Arbeiten zu diesem Buch haben mich
Ilona Lesniewicz, Leni Stockmann-Mayer,
Henry Lorenz, Wolfgang Dethmers
beraten und unterstützt.

Jyoti und Nikunj Parekh, Indien,
Kindai-Bonsai, Japan, Hiroshi Takeyama, Japan,
Yu Yat Shan, Hongkong, Chen Ming Lun, Hongkong,
Huang Te Chang, Taiwan, Yin Chin Chang, Taiwan,
Marius Greeff, Südafrika, Dr. Gustavo Bataller, Spanien,
Giorgi Gianfranco, Italien, Guido Degl' Innocenti, Italien,
Umberto Margiacchi, Italien, Josef Wiegand, Deutschland
stellten mir freundlicherweise ihre Fotos zur Verfügung.

Bildmaterial: Bonsai Centrum Heidelberg
Zeichnungen: Willi Benz
Layout: Studio Claus Rieger
Titelfoto: Studio Mittmann Foto
Satz und Druck: Colordruck Kurt Weber GmbH, Leimen

Lizenzausgabe für die BLV Verlagsgesellschaft mbH, München
8000 München 40
ISBN 3-405-12953-2

Paul Lesniewicz

BONSAI für die Wohnung

Achte Auflage

BLV

Inhalt

Titelfoto: Ficus benjamina, Alter ca. 22 Jahre, Größe 80 cm. Gestaltet von David Fukumoto, Hawaii.

Bonsai – was ist das eigentlich?

Nach einer Legende zog sich der chinesische Dichter und Beamte Guen-ming im 4. Jahrhundert nach Christus von den Staatsgeschäften zurück und begann, Chrysanthemen in Töpfe zu pflanzen, dieses kleine Stück Natur in sein Haus zu holen und auf die Veranda zu stellen. Dies mag der Anfang der Topfpflanzenkultur gewesen sein.
200 Jahre später war daraus eine neue Kunst entstanden: Die Kunst des Bonsai. Auf Gemälden der Tang-Dynastie (618–906) sind Kiefern, Zypressen, Pflaumen, Bambus und Sageretien in Schalen gepflanzt zu sehen. Seit der Tang-Zeit gehören Bonsai zur chinesischen Kultur und sind heute fast überall in Asien zu finden.
Aus Japan, wo die Kunst, kleine Bäume nach dem Vorbild der großen zu gestalten, im Laufe der Jahrhunderte zur Vollendung gebracht wurde, stammt auch das Wort Bonsai: „Bon" heißt Topf, „sai" heißt Baum. Die „Größe" der Kleinen liegt meistens zwischen 20 und 70 cm.

Gemälde aus der Zeit der Tang-Dynastie mit einem Bonsai im Vordergrund.

Japanischer Holzschnitt: Ein Bonsai-Gärtner bietet seine kleinen Bäume auf dem Markt an.

Tropischer Wald, in dem die Bäume „in den Himmel wachsen".

Foto: Renate von Forster

In tropischen Klimazonen wie Südchina, Taiwan, Thailand, Singapur und Hong-Kong werden Bonsai auch aus Pflanzen gezogen, die als Zimmerpflanzen schon lange unsere Wohnräume schmücken, z.B. aus Gummibäumen, Carmonien und Bougainvillien.
Wir Europäer, die wir unsere Pflanzen liebevoll hegen und pflegen, kamen nie auf die Idee, ihnen ihre ursprüngliche Form zurückzugeben. Vielleicht standen unserer Phantasie die Bilder der baumlangen Farne und 40 m hohen Gummibäume im Wege, denn diese Pflanzen hätten niemals auf unseren Terrassen oder in unseren Wohnungen Platz. Doch wissen wir, daß tropische und subtropische Pflanzen in unserem Wohnklima zwar gut gedeihen, aber niemals „in den Himmel wachsen", sondern eher Zwergformen entwickeln.
Bei der Gestaltung eines Bonsai befolgen die Asiaten die Prinzipien des Zen: Natürlichkeit, Einfachheit, Asymmetrie und die Konzentration auf das Wesentliche. Anhänger des Zen-Buddhismus suchen die Harmonie zwischen Mensch und Natur und verstehen die kleinen Bäume als religiöse Objekte und ihre Betrachtung als Meditationsübung.

Der europäische Bonsai-Liebhaber, dem der religiöse Hintergrund fehlt und die Tradition der Meditation fremd ist, lernt mit seinen kleinen Bäumen, sich Zeit für ihre Betrachtung zu nehmen, schöpferisch formend und gestaltend in ihr Wachstum einzugreifen und sie dem Vorbild in der Natur in allem, außer der Größe, immer ähnlicher zu machen.

Gestaltung und Pflege eines Bonsai erfordern ein wenig Geschick. Wer aber mit Pflanzen eine glückliche Hand hat, wird auch die Bonsai-Kunst schnell erlernen und viel Freude daran haben.

Zimmer-Bonsai – eine Idee für Europa

In Amerika und Europa gehörten vor allem Menschen in Großstädten zu den ersten, die Bonsai als Hobby für sich entdeckten. Einen richtigen Baum – das Sinnbild allen Lebens – zu haben, bedeutete mehr als nur die Wohnung zu „begrünen", sie mit Pflanzen schöner und lebendiger zu gestalten. Es war ein neuer Weg zur Natur, lange bevor sie wieder in Mode kam.
In unseren Breiten lebt man mehr drinnen als draußen. Die Schönheit der traditionellen Bonsai können wir oft nur mit einem Blick durchs Fenster bewundern, denn die kleinen Bäume stehen auf der Terrasse, dem Balkon, im Freien. Sie sind „outdoors", wie die Amerikaner sagen.
Dieses Buch möchte die Gestaltung und Pflege der „indoors" beschreiben, der Bonsai, die wir ins Haus holen können. Sie werden bei uns auch „Zimmer-Bonsai" und „Bonsai für die Wohnung" genannt.

Zimmer-Bonsai sind keine gewöhnlichen Topfpflanzen

Indoors sind die Miniaturausgaben subtropischer und tropischer Bäume und Sträucher, deren Heimatklima unserem Wohnklima am ehesten entspricht. Viele dieser Pflanzenarten stehen seit Jahrzehnten als Topfpflanzen in unseren Wohnungen.
Besonders Pflanzen mit kleinen Blättern und leicht verholzenden Ästen können gut als Bonsai gestaltet werden. Um eine „Harmonie", d.h. die richtigen Proportionen von Zweigen und Blättern, Blüten und Früchten zu erreichen, werden Arten mit zierlichen Blüten und kleinen Früchten ausgesucht.

Denn die Gestaltung von Miniatur-Bäumen kommt nicht durch genetische Veränderungen zustande. Der Bonsai-Freund kann kaum Einfluß auf die Größe von Blüten und Früchten nehmen; er kann nur Äste und Blätter verkleinern. Mini-Mandarinen mit ihren fingernagelgroßen Früchten eignen sich daher besser für die Gestaltung als Orangenbäume.

Alter Ölbaum – der „große Bruder" reizvoller Indoors.

Foto: Josef Wiegand

Wo ist die Heimat ihrer großen Brüder?

Für Bäume und Sträucher, die in unserem gemäßigten Klima gedeihen, sind die Unterschiede zwischen Sommer und Winter, Tag und Nacht lebenswichtig. Sie würden bei den gleichbleibenden Temperaturen unserer Wohnungen nur kurze Zeit überleben. Viele tropische Pflanzen sind für unser Wohnklima geeignet, denn in ihrer Heimat kennt man kaum Jahreszeiten und wenig Temperaturschwankungen. Die Vegetation wächst fast ohne

Ruhepause, wie wir sie im Winter von unseren Bäumen her kennen. Vor allem in den tropischen Regenwäldern, in denen es immer feucht und warm ist, gedeiht eine ungeheuere Fülle prächtiger Bäume und Pflanzen, die oft Hunderte von Jahren alt werden. Hier stehen die großen Vorbilder reizvoller Zimmer-Bonsai: Gummibäume, Bambus, Scheffleren und Jacaranda, um nur einige zu nennen. Azaleen, Citrus-Bäume, Kamelien, Granatäpfel, Myrten, Ölbäume und viele andere wunderschöne und interessante Pflanzen stammen aus dem Mittelmeerraum, also aus subtropischen Gebieten. Wir können sie zu „Bonsai für drinnen und draußen" gestalten.

Wie und wo gedeihen die kleinen Bäume im Haus?

Denken Sie immer daran: das Haus entspricht nicht ganz der natürlichen Lebenswelt der kleinen Bäume, auch wenn sie in unserem Wohnklima gedeihen. Das Leben einer Pflanze besteht – wie das des Menschen – aus unendlich vielen Vorgängen, die von Licht, Luft, Temperatur, Feuchtigkeit, Tag und Nacht, Sommer und Winter beeinflußt werden. Um Freude und Erfolg mit Ihrem Indoor zu haben, müssen Sie zunächst etwas über seine Herkunft und die Lebensgewohnheiten seiner „großen Brüder" wissen.

Temperatur

Pflanzenarten aus tropischen und subtropischen Klimazonen werden von Gärtnern nach ihrem Wärmebedarf eingeteilt. Die tropischen Pflanzen stehen in „Warmhäusern" mit einer Temperatur von mindestens +18°C bis +24°C, denn sie sind das ganze Jahre über an ziemlich gleichmäßige Temperaturen gewöhnt. Sie sollten ihnen eine nächtliche Abkühlung von 2°C bis 4°C gönnen, die Temperaturen aber nicht unter +16°C absinken lassen. Ihrem Gummibaum, der Schefflera oder der Ming-Aralie können Sie deshalb einen Fensterplatz direkt über der Heizung geben. Achten

Sie darauf, daß die Mindesttemperatur auch nachts nicht unterschritten wird. Und: Vorsicht mit dicken Vorhängen! Sie halten die Wärme von innnen ab und die Kälte von außen im Fensterbereich fest.
Subtropische Arten brauchen „Kalthäuser" (im Winter +5°C bis +12°C). Sie legen in der kalten Jahreszeit eine Wachstumspause ein und vertragen deshalb keine zu hohen Temperaturen. Sie stehen in dieser Zeit in kühlen, aber hellen Räumen: im Schlafzimmer, Flur, Wintergarten. In der Heimat z.B. der Citrus-Bäume, Kamelien und Azaleen steigt die Temperatur im Winter nicht über +15°C an und sinkt nachts um 5° bis 6°C ab. Ideal wäre es für Ihre subtropischen Bonsai, wenn Sie das Klima so steuern könnten.
Die Nachtabsenkung erreichen Sie, indem Sie die Bäumchen an einen anderen kühleren Ort stellen oder im Fensterbereich mit einem dicken Vorhang eine kühlere „Klimazone" schaffen. Unmittelbar über der Heizung sollten Ihre Kalthaus-Bonsai nicht stehen. Viele „Kalthaus"-Bonsai sind aber in der Lage, sich einem wärmeren Wohnklima anzupassen und können auch ein paar Grade wärmer ertragen. Sie legen dann keine ausgesprochene Winterruhe ein, sondern verlangsamen nur ihr Wachstum. Die laubabwerfenden Bäumchen behalten einen Teil der Blätter. Sie würden an einem kühlen Standort alle abwerfen.
Aber vergessen Sie auch bei den wärmer stehenden Kalthaus-Bonsai nicht die Nachtabsenkung. In den meisten Wohnungen ist das kein Problem, da abends die Heizung aus Sparsamkeitsgründen heruntergestellt wird.
Kalthaus-Bonsai stehen im Sommer gern an einer windgeschützten Stelle im Freien – müssen aber nicht. Am Anfang ist es wichtig, für Schatten zu sorgen, damit sich die Pflanze langsam, d.h. ca. 2 Wochen lang, an Luft und Sonne gewöhnen kann. Spätestens, wenn die Außentemperaturen im Herbst auf +10°C in der Nacht absinken, ist es Zeit, daß die Bäumchen wieder ins Haus kommen.

Freistehende Bäume wie diese Pinie sind die besten Vorbilder für die Bonsai-Gestaltung

Foto: Tell Leeser

Genügend Licht gehört zu den wichtigsten Lebensbedingungen Ihres Zimmer-Bonsai, denn ohne Licht kann die Pflanze nicht leben. Sie braucht es, um aus Luft und Wasser pflanzliche Substanzen aufzubauen. Der ideale Standort ist immer ein heller Fensterplatz. Schon 1 m vom Fenster entfernt nimmt der Helligkeitswert – vom menschlichen Auge fast unbemerkt – erheblich ab, und es kann für viele Pflanzen schon zu dunkel sein. Auch eine lichtdurchlässige Gardine reduziert die Lichtwerte beträchtlich. Fast jedes Fenster ist hell genug, wenn es nicht vom Dach, von Bäumen oder Nachbarhäusern zu viel Schatten bekommt.
Licht heißt aber nicht heiße Sonne, sondern Helligkeit. Zu viel Wärme kann für Ihre Pflanzen lebensgefährlich werden. In sehr heißen Sommermonaten ist es daher notwendig, Bonsai, die an einem Süd- oder Westfenster stehen, während der größten Sonneneinstrahlung durch eine Jalousie oder eine Gardine zu schützen. Ein guter Sonnenschutz ist auch eine Zeitung, die Sie zwischen Pflanze und Fenster stellen.
Gemessen wird Helligkeit mit einem Lichtmesser (Luxometer) – einem einfachen Instrument – ähnlich dem Belichtungsmesser beim Fotografieren. Indoors brauchen als Minimum während des Tages zwischen 200 und 1000 Lux, einige noch mehr (siehe Seite 14). Bekommt Ihr Bonsai zu wenig Licht, helfen Sie mit Kunstlicht nach. Die Zusatzbeleuchtung sollte mindestens 6–8 Stunden während des Tages eingeschaltet sein.
Mit den richtigen Lampen gedeihen Ihre Indoors sogar in einer „dunklen" Zimmerecke – vorausgesetzt, auch Temperatur und Luftfeuchtigkeit stimmen.
Wer seine Zimmer-Bonsai fast ausschließlich mit künstlichem Licht versorgt, muß die Lampen 10 bis 16 Stunden – je nach ihrer Lichtintensität – einschalten. Ein Automatikschalter mit Zeituhr ist nicht aufwendig und sehr empfehlenswert. Denn wichtig ist die regelmäßige Belichtung zur gleichen Tageszeit – auch im Urlaub und an Wochenenden.

Idee eines Bonsai-Liebhabers: Indoor-Sammlung in einer Küche. Beleuchtung unter den Hängeschränken.

So viel Licht braucht Ihr Indoor

Auf der folgenden Seite ist der Mindestlichtbedarf für jede Zimmerpflanze in der entsprechenden Spalte mit einem Kreis ○ angegeben.
Ist in der Tabelle in zwei Spalten ein Kreis ○ vorhanden, bedeutet das, die Pflanze gedeiht auch bei weniger Licht, doch an einem helleren Standort ist sie wuchsfreudiger und auch die Farben der Blätter und Blüten werden intensiver.
In der ersten Spalte ist vermerkt, wenn eine Pflanze besonders empfindlich gegen pralles Sonnenlicht ist. Hier sollten auf jeden Fall entsprechende Maßnahmen getroffen oder Fenster ohne direkte Sonneneinstrahlung ausgewählt werden.
Normale Glühbirnen sind für die Belichtung von Pflanzen nicht geeignet, denn ihr Licht entspricht nicht dem Tageslicht, und sie können den Pflanzen Verbrennungsschäden zufügen. Von Hobby-Gärtnern und Bonsai-Liebhabern erprobt sind Lumilux-Röhren, Osram-L-Fluora- und Philips-E-86-Lampen. Außerdem HQL-Lampen von Bäro und schwenkbare Jod-Quarz-Lampen von Osram. Besonders geeignet für Regale sind Dreibandlampen Sylvania-Gro-Lux mit drei verschiedenen Lichtfarben. Möglich sind auch Leuchtstoffröhren, die Aquarienfreunde benutzen, um Wasserpflanzen und Fischen die nötigen Lichtwerte zu sichern.
Die Leuchtkörper werden je nach Art im Abstand von 25–80 cm über den Pflanzen angebracht. Wenn Sie das Brett, an dem Sie die Lampen befestigen,

So viel Licht braucht Ihr Zimmer-Bonsai

Pflanze	Sonne	bis 200	200	500	1000	2000–3000	LUX
Aralia/Aralie					○		
Araucaria/Zimmertanne	○				○		
Adenium/Wüstenrose					○		
Azalea/Azalee					○		
Camelia/Kamelie	○				○		
Cissus/Zierwein				○	○		
Citrus/Zitronengewächs					○		
Codiaeum/Wunderstrauch					○		
Crassula/Dickblattgewächse					○	○	
Cycas revoluta/Palmfarn					○		
Dracaena/Drachenbaum						○	
Echeveria/Dickblattgewächs						○	
Eurya/Teegewächs	○				○		
Fatshedera/Efeuaralie					○		
Ficus/Gummibaum					○	○	
Fuchsia/Fuchsie					○		
Hedera/Efeu				○	○		
Helxine/Bubiköpfchen Unterpflanzung					○	○	
Hibiscus/Eibisch						○	
Jacobinia/Jacobinie					○		
Kalanchoe/Flammendes Käthchen						○	
Nerium/Oleander					○		
Nolina/Noline						○	
Olea/Olivenbaum					○	○	
Ophiopogon/Schlangenbart Unterpflanzung					○		
Pelargonium/Geraniengewächs						○	
Peireskia/Kaktusgewächs					○		
Pilea/Unterpflanzung					○		
Poinsettia/Weihnachtsstern					○		
Portulacaria afra/Geldbaum						○	
Punica/Granatapfel					○		
Rhododendron simsii/Azaleen					○		
Rosmarinum/Rosmarin					○	○	
Saxifraga/Steinbrechgewächse Unterpflanzung					○		
Schefflera/Lackblattbaum					○	○	
Selaginella/Moosfarngewächse Unterpflanzung					○		
Solanum/Korallenkirsche					○		
Sparmannia/Zimmerlinde	○				○	○	
Sukkulenten					○	○	
Wolfsmilchgewächse					○		

vorher glänzend weiß lackieren, sparen Sie die Reflektoren. Lampen mit Reflexschicht sind gekennzeichnet z.B. durch den Buchstaben F bei Philips, bei Osram durch den Buchstaben R. Seit einem Jahr sind auch Mini-Leuchtstofflampen der Firmen Osram (Circolux) und Philips (SL-Lampe) auf dem Markt. Da diese Lampen einen Sockel „E27" haben, lassen sie sich in jede Schraubfassung einschrauben.

Glas-Regal für eine große Bonsai-Sammlung. Eine Lichtquelle genügt für viele Indoors.

Für Indoor-Liebhaber zur Nachahmung empfohlen:

Wenn Ihre Sammlung größer wird, reicht der beste Platz am richtigen Fenster bald nicht mehr aus. Ein Glasregal bringt Ihre Bonsai-Sammlung „ins rechte Licht", ist sehr dekorativ und sparsam. Denn es ermöglicht eine gemeinsame Versorgung mit Kunstlicht. Eine schwenkbare Jod-Quarz-Lampe von Osram in 80 cm Abstand bringt ca. 2000 Lux. Die Lichtwerte nehmen mit der Entfernung von der Lichtquelle ab. Stellen Sie daher besonders „lichthungrige" Pflanzen näher an die Lampe heran.

Genügend Luftfeuchtigkeit ist lebensnotwendig für jeden Zimmer-Bonsai. Denn in trockener Luft „transpiriert" die Pflanze, d.h., sie verdunstet mehr Wasser, als über die Wurzeln nachgeliefert werden kann. Die Spaltöffnungen auf der Blattunterseite schließen sich, der Gasaustausch wird unterbrochen und das Wachstum dadurch gestört.
Ein Hygrometer gehört daher zum Handwerkszeug jedes Zimmer-Gärtners. Gemessen wird die relative Luftfeuchtigkeit. Das ist der Prozentsatz der Wassermenge, die die Luft maximal aufnehmen kann. Je wärmer die Räume, desto größer ist diese Wassermenge.
Wie widerstandsfähig Ihr Zimmer-Bonsai gegen zu trockene Heizungsluft ist, können Sie ihm ansehen. Glänzende, ledrige Blätter – wie zum Beispiel beim Gummibaum – sind der Hinweis auf eine schwache Verdunstung. Solche Pflanzen sind durch trockene Luft weniger gefährdet als Bäumchen mit großen, weichen oder krautigen Blättern, die eine starke Verdunstung haben (z.B. Lantana, Punica).

Lecaton-gefülltes Tablett zur Erhöhung der Luftfeuchtigkeit.

Die Luftfeuchtigkeit Bonsai-freundlicher Wohnräume sollte mindestens bei 40–50% liegen. Dies würde auch Mensch und Tier und selbst dem Mobiliar (in Museen werden immer Luftbefeuchter aufgestellt) besser bekommen, als unsere im Winter trocken aufgeheizte Luft. Wenn Sie keine elektrischen Luftbefeuchter aufstellen möchten, sollten Sie wenigstens in der unmittelbaren Umgebung der Pflanzen für eine höhere Luftfeuchtigkeit sorgen. Sie können Verdunstungsschalen – mit Wasser gefüllt – oder auch einen Zimmerspringbrunnen

in der Nähe Ihres Bonsai aufstellen, die altbekannten Verdunstungsbehälter an den Heizkörper hängen oder die Bäumchen mit der Schale auf ein mit Lecaton gefülltes Tablett stellen und die Lecatonschicht immer feucht halten.
Wichtig sind Verdunstungsschalen und Behälter auch für die Urlaubsversorgung (s. Kap. „Die ständige Pflege").
Natürlich tun Sie Ihrem Zimmer-Bonsai etwas Gutes, wenn Sie ihn nicht nur gießen, sondern regelmäßig besprühen. Auch das erhöht die Luftfeuchtigkeit vorübergehend.
Zur Entfernung von Staub ist zu empfehlen, die Bäumchen etwa alle 4 Wochen in der Badewanne mit lauwarmem Wasser abzubrausen. Danach können sie wieder richtig „durchatmen", denn Staubpartikel, die sich in den Spaltöffnungen festsetzen, behindern die Atmung der Pflanzen.
Frische Luft ist auch für Pflanzen wichtig.
Im Sommer ist die Zufuhr von Frischluft unproblematisch. Im Winter sollten Sie beim Öffnen der Fenster darauf achten, daß die tropischen Bäumchen keine Zugluft, vor allem aber keine Frostluft bekommen.

Fenster eines Bonsai-Gärtners

Wichtig für den Standort	
Temperatur	Tropische Bonsai wollen im Winter tagsüber Temperaturen zwischen +18°C bis +24°C. Nachts können sie das Absinken der Temperaturen um 2–4°C vertragen. Subtropische Bonsai möchten im Winter kühler stehen. Ideal sind Temperaturen von +10°C bis +15°C am Tag und nachts von +6°C bis +10°C. Sie können aber auch etwas wärmer „überwintern". Im Sommer können die Kalthaus-Bonsai auch draußen stehen. Anpassungszeiten beachten!
Licht	Sie brauchen einen Luxometer. 1. Richten Sie sich bei der Auswahl des Standortes nach den Lichtbedürfnissen der Pflanze (siehe Tabelle S. 14). 2. Reicht die natürliche Lichtquelle nicht aus, helfen Sie mit künstlichem Licht nach. 3. Zu starke Sonne ist für die Pflanze gefährlich. 4. Bei zu wenig Licht werden die Triebe länger und spindeliger.
Luft	Sie brauchen einen Hygrometer. Bäumchen mit großen, weichen Blättern sind besonders anfällig gegen trockene Heizungsluft. Die Luftfeuchtigkeit in der Umgebung der Pflanzen sollte mindestens bei 40–50% liegen. Im Winter empfehlen sich in beheizten Wohnungen elektrische Luftbefeuchter oder Verdungstungsgefäße.

Bonsai-Fenster mit (von links nach rechts) Sageretia, Euphorbia, Sedum, Nandina.

GEO

Die ständige Pflege

Über Temperatur, Licht und Luft haben wir im letzten Kapitel die wichtigsten Hinweise gegeben. Jetzt geht es um die Pflege: um das Gießen und Düngen, die Schädlingsbekämpfung und die Versorgung im Urlaub.

Gießen

Eine der wichtigsten Voraussetzungen für die Gesundheit Ihres Zimmer-Bonsai ist, daß Sie ihn „richtig" gießen. Richtig heißt allerdings für jede Pflanze etwas anderes. Eine Azalee zum Beispiel braucht wesentlich mehr Wasser als ein Kaktus.
Für alle Indoors gilt: Sie brauchen Wasser, bevor die Erde ganz trocken geworden ist. Den Feuchtigkeitsgehalt des Bodens kann man oft an der Farbe prüfen. Je heller die Erde, desto trockener ist sie. Versuchen Sie es auch mit dem „Klopftest", wenn Sie nicht sicher sind, ob Ihre Pflanze Wasser braucht: Klopfen Sie an die Schale. Klingt es hohl, hat sich die Erde bereits vom Schalenrand gelöst, und es ist höchste Zeit, wieder zu gießen.
Gießen Sie immer auf die Erde, langsam und mit kleinen Unterbrechungen, damit sich das Erdreich richtig vollsaugen kann. Gießen Sie so lange, bis das Wasser aus den Drainagelöchern wieder abfließt. Nicht mehr. Achtung: Wenn aber die Erde sehr trocken geworden ist, kann sie das Wasser nicht gleich aufnehmen. Es fließt sofort durch die Abzugslöcher. In diesem Fall sollten Sie Ihr Bäumchen tauchen, siehe Seite 96.
Vermeiden Sie es, Ihre Pflanzen in der Sonne zu überbrausen. Die Tropfen auf den Blättern können durch ihre Brennglas-Wirkung Verbrennungen verursachen. Sollten Sie im Sommer mittags nachgießen müssen, weil Ihre Pflanze „schlappt", gießen Sie nur auf die Erde oder nehmen Ihren Bonsai aus der Sonne. Übersprühen sollten Sie Ihre Bäumchen auch nicht abends, denn wenn sie nicht mehr vor der Nachtkühle abtrocknen können, werden sie anfällig für Pilze und Bakterien.
Bäumchen in sehr kleinen Schalen kann man auch

tauchen, anstatt sie zu gießen. Stellen Sie die Pflanze bis über den Schalenrand so lange ins Wasserbad, bis keine Luftblasen mehr aufsteigen (ca. 5 Minuten). Dies ist ein Zeichen dafür, daß die Erde ganz mit Wasser durchtränkt ist. Diese Methode eignet sich auch, wenn der Erdbereich Ihres Bonsai einmal pulvertrocken geworden ist und das Bäumchen die Blätter hängen läßt.
Bonsai-Anfänger können Enttäuschungen erleben, weil sie zu viel oder zu wenig gießen. Zu viel zum Beispiel im Winter, wenn vor allem die Kalthaus-Pflanzen langsamer wachsen und daher weniger Wasser nötig haben. Zu wenig zum Beispiel, wenn die Bäumchen direkt über einer Heizung stehen und viel Wasser brauchen.
Das Gießwasser soll weich, das heißt möglichst kalkarm sein und 12–15 Härtegrade nicht überschreiten.
Sehr hartes (= kalkhaltiges) Wasser bewirkt mit der Zeit eine chemische Veränderung der Erde; ihr Säuregrad (gemessen am pH-Wert) nimmt ab. Ideal sind 8–9° DH (Deutsche Härtegrade). Dieses Wasser hat auch den richtigen pH-Wert 5,5–6,5. Sie können den Härtegrad Ihres Leitungswassers beim zuständigen Wasseramt oder bei Ihrem Gärtner erfragen. Ist Ihr Wasser zu hart, werden Sie es spätestens feststellen, wenn sich am Stammansatz der Bäumchen und am inneren Schalenrand weißliche Kalkablagerungen bilden. Jetzt wissen Sie, daß Sie das Wasser enthärten müssen. Kochen Sie es ab oder verwenden Sie einen biologischen Enthärter wie Aquisal oder Aquasoft – beide sind im Fachhandel erhältlich.
Das Gießwasser für Ihre Bonsai sollte auch nie ganz kalt sein, sondern möglichst Zimmertemperatur haben. Das erreichen Sie automatisch, wenn Sie das Wasser in der Gießkanne abstehen lassen. Aus kaltem Wasser und dadurch abgekühlter Erde kann die Pflanze kein Wasser und Nährstoffe aufnehmen.
Wenn die Erde längere Zeit feucht bleibt, ohne daß Sie gießen, ist die Wasseraufnahme der Pflanze gestört und das Wurzelsystem möglicherweise krank.

Düngen

Im Gegensatz zu seinen großen Brüdern in der Natur hat der Zimmer-Bonsai nur eine sehr begrenzte Menge Erde, aus der er seine Nahrung holen kann. Deshalb ist es besonders wichtig, diese Erde immer wieder mit neuen Nährstoffen zu versorgen.

Womit wird gedüngt?

Die für die Pflanze wichtigen Mineralien sind Stickstoff, Phosphor, Kali, Kalk, Schwefel, Eisen und viele Spurenelemente. Mit ihnen kann die Pflanze entweder in Form von Salzen, d.h. rein anorganischen Düngern oder in Form von organischen Düngemitteln wie Knochenmehl, Hornspäne und ähnlichem versorgt werden.
Bewährt haben sich organisch-mineralische Düngemittel in Pulverform, die auf die Erdoberfläche gestreut werden. In diesen Mischungen sind Kurzzeit- und Langzeitdünger gekoppelt. Die mineralischen Bestandteile lösen sich beim Gießen im Wasser auf und werden sofort von den Wurzeln aufgenommen und schnell verbraucht. Die organischen Bestandteile erschließen sich erst allmählich und haben daher eine Langzeitwirkung.
Inzwischen gibt es auch rein organischen Bonsai-Flüssigdünger, dessen Nährstoffe für die Pflanzen auch sofort verfügbar sind. Da er keine Langzeitwirkung wie die organischen Pulverdünger besitzt, muß er öfter angewendet werden.
Verwenden Sie nicht jahraus, jahrein dasselbe Düngemittel. Wechseln Sie ab zwischen Pulverdünger und Flüssigdünger.
Nicht beliebt bei Indoor-Gärtnern sind Düngekugeln, die für Outdoor-Bonsai gern verwendet werden, da sie einen unangenehmen Geruch im Raum verbreiten.

Murraya paniculata – ca. 80 Jahre alt, 75 cm hoch.

Wie wird gedüngt?

Wenn Sie die wichtigsten Regeln beachten, gibt es keine Probleme beim Düngen:

1. Vor dem Düngen kräftig gießen.

2. Lieber häufiger wenig düngen als selten und viel.

3. Richten Sie sich bei Flüssigdünger nach den Mengen, die für Topfpflanzen angegeben sind. Nehmen Sie lieber ein bißchen weniger, auf keinen Fall mehr.

4. Organischer Pulverdünger wird auf die Erdoberfläche gestreut.

5. Mit speziellem Bonsai-Dünger machen Sie es in jedem Fall richtig.

Wenn Ihr Zimmer-Bonsai matt und kümmerlich aussieht, könnte das ein Zeichen dafür sein, daß Sie nicht etwa zu wenig, sondern möglicherweise zu viel gedüngt haben. Oft liegt dann eine Schädigung im Wurzelbereich vor, die zwar nicht immer auf ein Zuviel an Dünger zurückzuführen ist, aber auf jeden Fall ein Weiterdüngen verbietet. Ein ungewohnt niedriger Wasserverbrauch ist ein weiteres Anzeichen dafür, daß die Wurzeln krank sein könnten. Nehmen Sie das Bäumchen aus der Schale und schauen Sie sich die Wurzeln an. Sind sie weiß und fest, ist Ihr Bonsai gesund. Sehen die Wurzelspitzen braun und matschig aus und lassen sich leicht abziehen, dann sind sie abgestorben und können keine Nahrung mehr aufnehmen. Schneiden Sie die toten Wurzeln ab und pflanzen Sie Ihren Bonsai in neue Erde. Düngen Sie erst wieder, wenn das Bäumchen neue Wurzeln treibt.

Wann wird gedüngt?

Auch der Bedarf an Nährstoffen ist nicht bei allen Bonsai gleich. Lesen Sie auf den Seiten 30–84 über Ihre Pflanze nach. Ganz allgemein gilt: Junge und heranwachsende Bäumchen brauchen öfter Nahrung als alte. Schnell wachsende Pflanzen müssen häufiger gedüngt werden als langsam wachsende Arten.
Die meisten tropischen Bonsai wachsen in unseren Wohnungen das ganze Jahr über. Von Frühjahr bis Herbst schneller und im Winter bedeutend langsamer. In den Hauptwachstumszeiten werden sie deshalb häufiger gedüngt, in den Wintermonaten weniger. Subtropische (Kalthaus-) Bonsai, die kühl stehen, legen im Winter eine Ruhepause ein und brauchen deshalb keine zusätzliche Nährstoffe.

Wann soll auf keinen Fall gedüngt werden?

1. Kurz vor und während der Blüte. Die zusätzliche Kraft ginge in die Triebe, das Bäumchen würde seine Knospen und Blüten abwerfen. Wenn Früchte angesetzt haben, können Sie mit dem Düngen wieder anfangen.
2. Nach dem Umtopfen und Wurzelschnitt (s. Kapitel: „Umpflanzen und Wurzelschnitt") muß sich das Wurzelsystem regenerieren. Setzen Sie mit dem Düngen für ca. 4–6 Wochen aus.
3. Während der Winterruhe.
4. Wurzelkranke Pflanzen können keinen Dünger aufnehmen. Auch hier mit dem Düngen aussetzen.

Die Versorgung im Urlaub

Erfahrene Hobby-Gärtner vertrauen ihre Bonsai nur einer Urlaubsversorgung an, die sie vorher selber ausprobiert haben. Also testen Sie die Methode, die Sie sich auswählen, solange Sie zuhause sind. Natürlich kommt es darauf an, wie lange Sie verreisen. Gehören Sie zu den Glücklichen, die drei oder vier Wochen Ferien haben, bitten Sie in jedem Fall Freunde oder Nachbarn, Ihre Versorgungseinrichtung ein- oder zweimal zu überprüfen und – wenn nötig – in Ordnung zu bringen. Ungeübte „Bonsai-Sitter" sollten Sie darüber aufklären, daß zu viel Wasser ebenso schaden kann wie zu wenig. Denn viele gießen aus Angst, Ihre Bäumchen könnten verdursten, zu häufig.
Die folgenden Vorschläge haben sich bei Indoor-

Freunden bewährt. Allen gemeinsam ist, daß sie sicherer funktionieren, wenn Ihre Bonsai nicht zu warm und nicht in der Sonne stehen.

Für den Kurz-Urlaub bis zu 4–6 Tagen: Diese kurze Durststrecke werden Ihre Bäumchen leicht überstehen. Sie werden kräftig gegossen und dann mit der Schale in eine mit sehr nassem Torf gefüllte Kiste oder Plastikwanne bis gut über den Schalenrand eingesenkt.

Plastikwanne mit feuchtem Torf als Versorgung für einen Kurz-Urlaub.

Eine weitere Möglichkeit: Sie konstruieren für Ihre Pflanzen ein geschlossenes System, in dem die Verdunstungsfeuchte nicht an die Umwelt abgegeben werden kann, sondern der Pflanze erhalten bleibt: Stellen Sie Ihre Indoors, nachdem Sie sie vorher kräftig gewässert haben, in eine große, durchsichtige, mit einigen Löchern versehene Plastiktüte, die Sie oben verschließen. Damit die Pflanze genügend Platz hat und die Tüte bei Bildung von Kondenswasser nicht auf die Pflanze fällt, wird sie mit einem dünnen Drahtgestell gestützt. Aus diesem geschlossenen Minigewächshaus kann nun

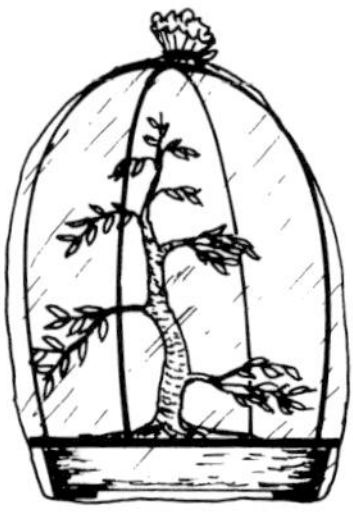

„Mini-Gewächshaus" aus einer mit Draht gestützten Plastiktüte.

kaum Wasser entweichen. Die Pflanze bleibt feucht. Halbverwelkte Blüten und gelbe Blätter sollten vor dem Eintüten entfernt werden, da sie abfallen und faulen können.
Bis zu zwei und mehr Wochen Urlaub: Der Tonstöpsel ist eine gute Lösung. Er ist unter der Bezeichnung „Blumat" oder „Florali" im Handel zu haben. Der Stöpsel wird in die Erde gesteckt und ist durch einen Schlauch mit einem Wasserbehälter verbunden. Verschließen Sie diesen Behälter, damit das Wasser nicht verdunstet.
Diese Methode bietet keine Sicherheit für sehr lange Zeit, da die Wasserleitung von Mikroorganismen verstopft werden kann und die Durchlässigkeit der Tonwand nachläßt. Pfiffige Bonsai-Freunde ersetzen den Stöpsel durch einen einfachen Wollfaden (reine Wolle), der mit einem Ende in der Erde steckt und mit dem anderen im Wassergefäß hängt.

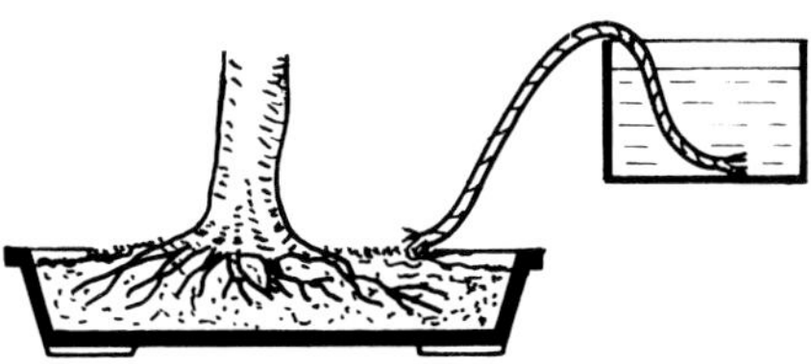

Ein Wollfaden versorgt das Bäumchen aus einem höher gestellten Wasserbehälter.

Zimmergärtner machen immer wieder gute Erfahrungen mit einer anderen Art der Docht-Bewässerung, die im Handel als „Florafee" bekannt ist. Die Bonsai-Schalen stehen über einem wassergefüllten Topf oder in einer Verdunstungsschale. Durch die Drainagelöcher der Bonsai-Schale werden Spezial- oder Wollfäden von unten eingesteckt. Das Ende der Fäden hängt im Wasser. Auch diese Methode sollten Sie vor dem „Ernstfall" ausprobieren.
Wenn Sie im Winter verreisen, sorgen Sie dafür, daß Ihre Heizung nicht ganz abgestellt wird und die Temperaturen für Ihre tropischen Bonsai bei +16°C bis +18°C bleiben.

Wichtig für die ständige Pflege	
Gießen	die Erde soll nie ganz austrocknen die Pflanze nicht in der Sonne überbrausen oder über das Blattwerk gießen sehr hartes Leitungswasser abkochen oder enthärten das Gießwasser sollte immer Zimmertemperatur haben wenn Ihr Indoor kein Wasser verbraucht, Wurzeln überprüfen.
Düngen	immer erst nach dem Gießen düngen lieber zu wenig als zu viel. Vor allem, wenn Sie mineralische, also anorganische Dünger verwenden junge und schnell wachsende Bäumchen brauchen mehr als alte und langsam wachsende Bonsai-Dünger sind ideal nicht jahraus, jahrein die gleichen Dünger verwenden, sondern abwechseln. Nicht düngen: kurz vor und während der Blüte, nach dem Umtopfen, nach dem Wurzelschnitt, während der Wachstumspausen und wenn das Bäumchen krank ist.

Podocarpus macrophyllus Steineibe – ca. 95 Jahre alt, 75 cm hoch. Aus der Sammlung Yee-sun Wu, Hongkong.

Was Sie über die schönsten Zimmer-Bonsai wissen sollten

Auf den folgenden Seiten finden Sie alles Wissenswerte über die Pflege und Gestaltung der beliebtesten Indoors. Diese Hinweise gelten für die in der Überschrift genannten Pflanzen und die meisten ihrer „Familien-Mitglieder". Sie können sich z.B. bei allen Buchsbaumgewächsen an die Angaben für den Buxus harlandii halten.

Buxus harlandii. Alter ca. 70 Jahre, Größe 65 cm. Aus der Sammlung Te Chang Huang, Taiwan.

Familie: Buxaceae – Buchsbaumgewächse
Heimat: Japan, Ostasien, Mittelmeerraum

Buxus harlandii
Buchsbaum

Ein immergrüner, robuster, langsam wachsender und sich reich verzweigender Zierstrauch mit glänzend dunkelgrünen, lederartigen Blättchen. In Barockgärten wird er in regelmäßige, geometrische Formen oder als Bordüre geschnitten, in unseren Gärten bildet er dichte Hecken. Er wird auf Taiwan lange schon auch als Bonsai gezogen.

Standort: ganzjährig an einem hellen, kühlen Nord-, Ost- oder Westfenster (kein Südfenster) – oder auch ab Ende Mai bis September draußen im Halbschatten. Im Winter ideal bei 10–15°C, möglich auch bis zu 20°C.

Gießen: im Sommer stark wässern, antrocknen lassen, stark wässern... Im Winter je nach Standort. Kühl: sparsam gießen. Warm: etwa wie im Sommer gießen.

Düngen: von Frühjahr bis Herbst alle 3 Wochen mit flüssigem Bonsai- oder Blumendünger. Im Winter bei kühlem Standort mit dem Düngen aussetzen; bei wärmerem alle 6 Wochen düngen.

Umtopfen: alle 2 Jahre im Frühjahr, mit Wurzelschnitt.

Erde: Indoor-Erde oder Lehm, Torf, Sand 2:1:2.

Schneiden: Äste immer möglich, Neuaustrieb immer auf 2–3 Blattpaare zurückschneiden, wenn sich 6 entwickelt haben.

Drahten: das ganze Jahr über möglich.

Vermehrung: durch Stecklinge.

Camellia japonica
Kamelie
Alter ca. 100 Jahre, Größe 83 cm. Aus der Sammlung Hiroshi Takeyama, Japan.

Familie: Theaceae – Teegewächse
Heimat: Japan, China

In ihrer subtropischen Heimat und in vielen Mittelmeergärten ist die Kamelie als ein 3–8 m hoher, vollblühender Baum zu bewundern mit leicht silbrigem, verholztem Stamm, glänzend dunkelgrünen, ledrigen Blättern und weiß-rosa-roten Blüten von Dezember bis März. Bei uns können Sie Kamelien als Topfpflanzen in fast jedem Blumengeschäft kaufen und aus ihnen sehr schöne Bonsai gestalten. Ihr kompakter, aufrechter Wuchs eignet sich für alle Bonsai-Formen. Die Blühwilligkeit bleibt erhalten, wenn die Pflanzen nicht zu warm stehen und keinen großen Temperaturschwankungen ausgesetzt sind.

Camellia japonica
Kamelie

Standort: ganzjährig ein kühler, luftiger Platz; im Sommer ab Mitte Mai bis Mitte September draußen im Halbschatten oder drinnen an einem kühleren, hellen Ost- oder Nordfenster. Im Winter bei 10°–15°C; je kühler, desto besser.

Gießen: mit enthärtetem Wasser; im Sommer gleichmäßig feucht halten. Im Winter sparsamer gießen, aber nicht austrocknen lassen.

Düngen: während der Hauptwachstumszeit (nach der Blüte) alle 14 Tage mit flüssigem Bonsai- oder Moorbeetpflanzendünger. Im Winter nicht düngen.

Umtopfen: alle 2–4 Jahre mit leichtem Wurzelschnitt im Frühjahr oder nach der Blüte.

Erde: Indoor-Erde und Torf oder Lehm, Torf, Sand 1:3:2.

Schneiden: Äste immer möglich. Bei jüngeren Bäumchen wird, um eine weitere Verzweigung der Äste zu erreichen, der neue Austrieb immer wieder auf 2–3 Blätter zurückgeschnitten, wenn sich 4–5 Blätter gebildet haben. Bei älteren Pflanzen, die schon eine schöne Bonsai-Form haben, erst nach der Blüte kräftig einkürzen.

Drahten: Äste immer, Triebe erst ab Spätsommer, wenn sie ausgereift und leicht verholzt sind. Blütentriebe nicht drahten.

Vermehrung: durch Stecklinge – aber schwierig.

Carmona microphylla
Erethia buxifolia,
Fukien-Tee
Alter ca. 75 Jahre,
Größe 68 cm.

Familie: Boraginaceae – Rauhblattgewächse
Heimat: Süd-China, Südostasien

Ein tropischer, immergrüner, baumartiger Strauch mit ovalen, dunkelgrünen, glänzenden Blättchen und weißen Blüten von Frühjahr bis Sommer. Die Carmona microphylla setzt nach der Blüte meist kleine, grüne Beeren an, die sich allmählich rötlich färben und sauer schmecken. Sie eignet sich sehr gut als Zimmerbonsai, da sie im Winter in der Wohnung Temperaturen bis zu 24°C verträgt.

Carmona microphylla
Erethia buxifolia, Fukien-Tee

Standort: ganzjährig im Haus bei 15°–24°C an einem hellen Ort (West- oder Südfenster). Dort aber nicht in der Sonne schmoren lassen, sondern schattieren. Im Sommer ab Ende Mai auch draußen im Halbschatten.

Gießen: das ganze Jahr über reichlich.

Düngen: von März bis September. Während der Hauptwachstumszeit alle 14 Tage mit flüssigem Bonsai- oder Blumendünger; im Winter etwa alle 4–6 Wochen.

Umtopfen: alle 2 Jahre im Frühjahr, mit Wurzelschnitt.

Erde: Indoor-Erde oder Lehm, Torf, Sand 2:2:1.

Schneiden: der Äste immer möglich. Neuaustrieb auf 2–3 Blätter zurückschneiden, wenn er 6–8 Blätter entwickelt hat.

Drahten: im allgemeinen läßt sich die Carmona microphylla auch ohne Draht gut formen. Drahten ist das ganze Jahr über möglich; beim Neuaustrieb erst, wenn er ausgereift (leicht verholzt) ist.

Vermehrung: durch Samen und Stecklinge.

Cissus antarctica
Australischer Wein
Alter ca. 8 Jahre,
Größe 25 cm.

Familie: Vitaceae – Rebengewächse
Heimat: Australien

Ein immergrüner, rasch wachsender, sich schön verzweigender Kletterstrauch mit frischgrünen, glänzenden, gezähnten Blättern. Diese Pflanzen sind sehr robust, vertragen Temperaturschwankungen und einen warmen wie auch kühleren Standort.

Standort: ganzjährig im Zimmer bei 15°–18°C, hell oder schattiger, an einem Ost-, West- oder Nordfenster, aber nie an einem Südfenster (zu hell).

Cissus antarctica
Australischer Wein

Gießen: im Sommer mäßig, im Winter je nach kühlerem oder wärmerem Standort mehr oder weniger sparsam. „Nasse Füsse" vermeiden, sonst gelbliche Flecken und Laubabfall.

Düngen: von Frühjahr bis Herbst, in der Hauptwachstumszeit, 1 x wöchentlich mit Bonsai- oder Blumen-Flüssigdünger, im Winter alle 6 Wochen.

Umtopfen: junge Pflanzen jährlich, ältere alle 2 Jahre im Frühling mit Wurzelschnitt.

Erde: Indoor-Erde oder durchlässige, humose Lehmerde (Lehm, Sand, Torf 1:1:1).

Schneiden: Neuaustrieb auf 2–3 Blätter zurückschneiden, wenn er 4–6 Blätter entwickelt hat. Auch Blattschnitt möglich. Während der Hauptwachstumszeit immer wieder zu groß gewachsene Blätter entfernen.

Drahten: Äste das ganze Jahr über möglich.

Vermehrung: durch Stecklinge.

Crassula arborescens Dickblatt, Judasbaum Alter ca. 10 Jahre, Größe 50 cm. Aus der Sammlung Maria-Luise Rieger, Deutschland.

Familie: Crassulaceae-Dickblattgewächse
Heimat: Südafrika

Das baumartig wachsende Dickblatt besitzt viele Namen: Geldbaum, Elefantenbaum, Deutsche Eiche, auch Jadebaum. Er wird in seiner Heimat 2–3 m hoch, hat grüne, glänzende fleischige Blätter und eignet sich sehr gut für die Bonsai-Gestaltung,

Crassula arborescens
Dickblatt, Judasbaum

da seine natürliche Wuchsform der eines Baumes entspricht und oft schon durch den Rückschnitt der Triebe und das Ausputzen im unteren Bereich zu verbessern ist. Dickblattgewächse stammen aus den Trockengebieten Südafrikas und sind originelle, robuste, anspruchslose Pflanzen.

Standort: ganzjährig drinnen an einem hellen Nord-, Ost-, West- oder Südfenster oder von Ende Mai – September draußen im Halbschatten. Im Winter bei 8–16°C.

Gießen: mäßig gießen im Sommer, im Winter trokken halten; kann Sommer wie Winter auch mal 4 Wochen ohne Wasser auskommen. Je kühler der Standort, desto weniger Wasser.

Düngen: von Mai – September alle 4 Wochen mit flüssigem Bonsai- oder Blumendünger; im Winter nicht düngen.

Umtopfen: jederzeit möglich, ideal im Frühjahr. Wurzeln nur wenig schneiden. Danach 14 Tage nicht gießen.

Erde: Indoor-Erde oder Lehm, Torf, Sand 1:2:2.

Schneiden: der Äste April – September. Um den Baumcharakter sichtbar zu machen, untere Blätter an den älteren (dunkleren) Ästchen abbrechen. Haben die neuen Triebe die gewünschte Astlänge erreicht, Köpfe (Triebspitzen) abzwicken, 2–3 Blattpaare stehen lassen.

Drahten: drahten möglich, aber nicht nötig.

Vermehrung: durch 5–15 cm lange Kopfstecklinge. Nach dem Abschneiden ca. 14 Tage antrocknen lassen, dann in trockene Erde (Torf, Sand 50:50) stecken. Nachdem sich kleine, weiße Wurzelfäden entwickelt haben, kräftig wässern und feucht halten.

Euphorbia balsamifera
Wolfsmilch
Alter ca. 8 Jahre,
Größe 18 cm.

Familie: Euphorbiaceae – Wolfsmilchgewächse
Heimat: Kanarische Inseln, Westafrika

Die Wuchsformen dieser großen Pflanzenfamilie sind sehr verschieden. Neben mächtigen Bäumen gibt es Kräuter und Stauden, sowie sukkulente kakteenähnliche Formen; die meisten Arten sind durch den Besitz von Milchröhren ausgezeichnet. Die zierliche Euphorbia hat Baumcharakter und eignet sich daher gut zur Bonsai-Gestaltung. Ihre natürliche Form kann durch das Ausschneiden der störenden Äste und durch Rückschnitt der Triebe verbessert werden.

Euphorbia balsamifera
Wolfsmilch

Standort: ganzjährig drinnen, an einem hellen Nord-, Ost-, West- oder Südfenster, oder ab Ende Mai draußen an einem halbschattigen oder sonnigen Platz. Im Winter bei 8°–16°C.

Gießen: mäßig, ca. 1 x in der Woche, von Oktober bis März 1 x alle 14 Tage. Verliert die Pflanze alle Blätter, ist das Gießen bis zum Neuaustrieb ganz einzustellen.

Düngen: alle 4 Wochen von Mai bis September mit flüssigem Bonsai- oder Blumendünger. Im Winter nicht düngen.

Umtopfen: jederzeit möglich, ideal im Frühjahr, Wurzel nur wenig einkürzen. Nach dem Umtopfen 14 Tage nicht gießen.

Erde: Indoor-Erde oder Lehm, Torf, Sand 1:2:2.

Schneiden: Äste von April bis September. Dabei tritt Milchsaft aus und rinnt am Stamm entlang; mit lauwarmem Wasser abwischen, bevor er verklebt. Auch zu lang gewachsene Triebe jederzeit einkürzen.

Drahten: möglich, aber wenig effektiv.

Vermehrung: durch Stecklinge und Samen.

Ficus microcarpa
Gummibaum,
Lorbeer-Feige
Alter ca. 50 Jahre,
Größe 65 cm.

Familie: Moraceae – Maulbeergewächse
Heimat: Süd- und Ostasien

Sie sind die legendären Banyan-trees des tropischen Asiens – riesige, schattenspendende Bäume mit lang herabhängenden Luftwurzeln.
Alle kleinblättrigen Gummibaumarten wie z.B. Ficus benjamina, Ficus retusa, Ficus neriifolia reg, Ficus benghalensis, Ficus religiosa, Ficus buxifolia eignen sich sehr gut für die Bonsai-Gestaltung, denn sie bilden kräftige Stämme, ein feinverzweigtes Astwerk und immergrüne, lederartige, glänzende Blättchen aus. Viele können Sie als Topfpflanzen im

Handel kaufen und als Bonsai weitergestalten oder auch leicht durch Stecklinge und Abmoosen gewinnen.

Ficus microcarpa
Gummibaum,
Lorbeer-Feige

Standort: das ganze Jahr über an einem hellen Ost-, West- oder Südfenster, aber nicht in praller Sonne. Temperaturschwankungen und Zugluft vermeiden. Im Winter zwischen 18°–20°C. Er liebt Bodenwärme, „kalte Füße" vermeiden.

Gießen: während der Wachstumszeit von Frühjahr bis Herbst reichlich. An einem kühleren Standort weniger. Im Winter sparsam – vor dem Gießen leicht antrocknen lassen.

Düngen: von Frühjahr bis Herbst alle 14 Tage mit flüssigem Bonsai- oder Blumendünger; im Winter etwa alle 4 Wochen.

Umtopfen: alle 2 Jahre, am besten im Frühjahr, mit Wurzelschnitt.

Erde: Bonsai-Erde oder Lehm, Torf, Sand 1:2:2.

Schneiden: der Äste immer. An den Schnittstellen tritt für kurze Zeit Milchsaft aus. Neuaustrieb immer wieder auf 1–3 Blätter zurückschneiden. In der Hauptwachstumszeit auch Blattschnitt möglich oder in dieser Periode immer wieder die größten Blätter entfernen.

Drahten: immer möglich. Nur verholzte Äste drahten. Draht rechtzeitig entfernen.

Vermehrung: sehr leicht durch Stecklinge und Abmoosen.

Ficus carica
Feigenbaum
Alter ca. 9 Jahre, Größe 35 cm. Aus der Sammlung von Dr. Gustavo Bataller, Spanien.

Familie: Moraceae – Maulbeergewächse
Heimat: Südeuropa, Nordafrika

In seiner subtropischen Heimat kann der Feigenbaum bis zu 6 m hoch werden. Seine schönen, gelappten Blätter wirft er im Herbst ab. Als Bonsai gezogen, ist er ein reizvoller Baum und entwickelt auch Früchte.

Ficus carica
Feigenbaum

Standort: im Sommer ab Ende Mai draußen an einem sonnigen, windgeschützten Platz oder drinnen an einem warmen Südfenster. Ab Oktober „Kalthausbedingungen", damit er seine Winterruhe halten kann: ein kühler, heller Platz bei 5°–8°C.

Gießen: in seiner Wachstumszeit von Frühjahr bis Herbst reichlich, im Winter während seiner Ruhephase sparsam. „Nasse Füße" vermeiden, jedoch nie austrocknen lassen.

Düngen: vom Austrieb im Frühjahr bis Herbst alle 14 Tage reichlich mit flüssigem Indoor- oder Blumendünger.

Umtopfen: jüngere Pflanzen alle 2 Jahre, ältere alle 3–4 Jahre. Im Frühjahr vor dem Austrieb mit Wurzelschnitt.

Erde: Indoor-Erde und Lehmerde 1:1.

Schneiden: Neuaustrieb auf etwa 3 Blätter zurückschneiden, wenn er 6–8 Blätter entwickelt hat. Im Sommer immer wieder die ganz großen Blätter entfernen. Beim Schneiden tritt Milchsaft aus.

Drahten: Äste das ganze Jahr über; Triebe, erst wenn sie leicht verholzt sind.

Vermehrung: durch Stecklinge und Abmoosen.

Fortunella hindsii
Zwerg-Apfelsine
Alter ca. 67 Jahre,
Größe 45 cm.

Familie: Rutaceae – Rautengewächse
Heimat: Ostasien, Mittelmeerraum

Die Fortunella gehört zu den Citrusgewächsen. Von den immergrünen subtropischen Bäumen und Sträuchern eignen sich besonders alle kleinblättrigen und kleinfrüchtigen Arten zur Bonsai-Kultur. Sie können die im Handel befindlichen Citrusbäumchen zu Bonsai umgestalten oder sich Pflanzen durch Aussaat der Kerne selbst heranziehen. Sämlinge werden kaum oder erst „im Alter" blühen, aber diese Bäumchen sind auch ohne Blüte als Bonsai sehr reizvoll.

Fortunella hindsii
Zwerg-Apfelsine

Standort: im Sommer ab Ende Mai draußen an einem sonnigen oder auch halbschattigen Platz oder drinnen an einem luftigen Ost-, West- oder Südfenster. Im Winter kühl wegen seiner Winterruhe, ideal bei 6°C, nicht über 12°C, sonst wirft die Pflanze Laub ab.

Gießen: reichlich im Sommer; sehr sparsam im Winter, fast trocken halten.

Düngen: ab Mai – September alle 14 Tage mit flüssigem Bonsai- oder Blumendünger, im Winter mit Düngen aussetzen.

Umtopfen: alle 2–3 Jahre im Frühjahr vor dem Austrieb mit Wurzelschnitt. Nicht zu tief eintopfen. Wurzelhals muß von der Erde frei bleiben.

Erde: Indoor-Erde oder Lehm, Sand, Torf 1:1:1.

Schneiden: Äste immer, aber nicht zu stark zurückschneiden, sonst treiben sie schwer wieder aus. Schnittstellen mit Lac-Balsam verschließen. Die noch weiche Triebspitze beim Neuaustrieb zurücknehmen, wenn sich etwa 6 Blätter entwickelt haben. Kein Blattschnitt, aber zu große Blätter immer wieder entfernen.

Drahten: Äste das ganze Jahr über, Triebe erst wenn sie leicht verholzt sind.

Vermehrung: durch Samen.

Gardenia jasminoides
Gardenie
Alter ca. 25 Jahre,
Größe 65 cm.

Gardenia jasminoides
Gardenie

Familie: Rubiaceae – Krappgewächse
Heimat: China, Ostasien

Ein immergrüner, reichverzweigter Strauch mit ovalen, glänzenden, dunkelgrünen, ledrigen Blättern und stark duftenden, weißen, tellerförmigen Blüten; bei uns eine im Winter blühende Topfpflanze.

Standort: ganzjährig drinnen an einem luftigen und sehr hellen Nord-, Ost- oder Westfenster (im Sommer Südfenster zu heiß). Im Winter Temperaturen zwischen 12–15°C ideal; bei einem sehr hellen Standort auch Temperaturen bis 20°C möglich.

Gießen: mit enthärtetem Wasser. Im Sommer mäßig; im Winter noch weniger, aber nicht austrocknen lassen.

Düngen: von März – September alle 14 Tage mit flüssigem Bonsai- oder Blumendünger. Im Winter nicht düngen. Werden die Blätter gelb, fehlt Stickstoff. Stickstoffdünger zusetzen (z.B. Alkrisal von Schering).

Umtopfen: alle 1–2 Jahre im Frühjahr mit Wurzelschnitt. Drainageschicht, um Staunässe zu vermeiden.

Erde: Indoor-Erde, Torf 1:1 oder Lehm, Torf, Sand 1:3:2.

Drahten: Äste immer; Triebe, wenn sie leicht verholzt sind. Gardenien können auch ohne Drahten gestaltet werden.

Schneiden: der Äste immer. Neuaustrieb bei älteren Bäumchen erst nach der Blüte kräftig zurücknehmen. Neuaustrieb bei jungen Bonsai immer wieder auf 2–3 Blätter zurückschneiden, wenn er 4–6 entwickelt hat.

Vermehrung: durch Kopfstecklinge, bewurzeln nur bei genügend Bodenwärme (24–26°C).

Grevillea robusta
Australische
Silbereiche
Alter ca. 2 Jahre,
Größe 25 cm.

Grevillea robusta
Australische
Silbereiche

Familie: Protaceae – Proteusgewächse
Heimat: Westaustralien

Sie sind die heiligen Bäume der australischen Eingeborenen – wunderschöne, riesige Blütenbäume. In unserem Klima wachsen sie nicht in den Himmel, erfreuen aber Zimmergärtner durch ihre hübschen, farnartig-gefiederten Blätter und ihre Anspruchslosigkeit.

Standort: ganzjährig an einem hellen Nord-, Ost- oder Westfenster, liebt keine heiße Sonne; im Winter bei 12–16°C.

Gießen: immer gleichmäßig feucht halten, nicht zu naß und nicht austrocknen lassen.

Düngen: in der Hauptwachstumszeit (April bis Sept.) alle 14 Tage mit flüssigem Bonsai- oder Blumendünger. Im Winter nicht düngen.

Umtopfen: jedes Jahr im Frühjahr mit Wurzelschnitt.

Erde: Indoor-Erde oder Lehm, Torf, Sand 2:1:2.

Schneiden: Äste immer möglich, Neuaustrieb ständig auf 1–2 Blätter zurücknehmen. Größere Blätter während der Wachstumszeit immer wieder entfernen.

Drahten: Äste immer, neue Triebe müssen ausgereift, d.h. leicht verholzt sein.

Vermehrung: durch Stecklinge und Samen.

Fuchsia fulgens hybrida
Fuchsie
Alter ca. 6 Jahre, Größe 26 cm. Aus der Sammlung Henry Lorenz, Deutschland.

Familie: Onagraceae – Nachtkerzengewächse
Heimat: Südamerika, Mexiko

Von einem französischen Weltreisenden um 1700 in den chilenischen Gebirgswäldern entdeckt, hat die Fuchsie seitdem die gärtnerische Fachwelt erobert. Aus 100 Wildarten wurden über 2000 „Kultur"-Arten herangezogen; aufrecht wachsende und Hängefuchsien mit Blüten in großer Farben- und Formenvielfalt. Für die Bonsai-Kunst eignen sich vor allem die kleinblütigen Sorten, die wir als Zimmerpflanzen schon lange kennen. Fuchsien sind immergrün und haben weiche, dunkelgrüne Blätter.

Fuchsia fulgens hybrida
Fuchsie

Standort: ganzjährig drinnen an einem Nord-, Ost- oder Westfenster oder ab Ende Mai draußen im Halbschatten. Im Winter ideal bei 8–12°C, auch höhere Temperaturen bis 18°C möglich; dann sehr hell stellen.

Gießen: im Sommer bei hohen Temperaturen reichlich gießen, sonst gleichmäßig feucht halten. Im Winter bei kühlem Standort sparsam gießen, bei wärmerem etwas mehr.

Düngen: von Frühjahr bis Herbst alle 14 Tage mit flüssigem Bonsai- oder Blumendünger. Im Winter nur, wenn das Bäumchen warm steht, alle 4–6 Wochen düngen.

Umtopfen: alle 1–2 Jahre Anfang Frühjahr; mit Wurzelschnitt und gleichzeitigem, starken Rückschnitt der Triebe bis ins alte Holz.

Erde: Indoor-Erde oder Lehm, Torf, Sand 1:1:1.

Schneiden: Äste immer möglich. Neuaustrieb ständig auf 2–3 Blattpaare zurücknehmen. Soll die Pflanze blühen, nur „Jahresrückschnitt" beim Umtopfen vornehmen.

Drahten: meist nicht nötig; wenn, dann vorsichtig drahten. Zweige sind sehr brüchig.

Vermehrung: Durch Stecklinge (Mai, Juni).

Jacaranda mimosifolia
Jacaranda
Alter ca. 9 Jahre, Größe 36 cm. Aus der Sammlung Dr. Gustavo Bataller, Spanien.

Familie: Bignoniaceae – Bignoniengewächse
Heimat: Südamerika

Eine Zierde vieler Gärten am Mittelmeer sind diese reizvoll blühenden Bäume mit ihren farnartig gefiederten Blättern, die sie im Herbst abwerfen, und dem blauvioletten Blütenschmuck im Frühjahr; in ihrer südamerikanischen Heimat werden sie bis zu 50 m hoch. Jacaranda-Bonsai werden zwar kaum blühen, sind aber trotzdem interessante Bäumchen.

Jacaranda mimosifolia
Jacaranda

Standort: liebt keine pralle Sonne – ganzjährig an einem hellen Nord-, Ost- oder Westfenster, im Winter auch an einem Südfenster bei Temperaturen von 16°–22°C.

Gießen: mit enthärtetem Wasser das ganze Jahr über gleichmäßig feucht halten – nicht zu naß, aber nicht austrocknen lassen. Ab und zu übersprühen.

Düngen: von Frühjahr bis Herbst alle 14 Tage mit flüssigem Bonsai- oder Blumendünger. Im Winter kein Dünger.

Umtopfen: alle 1–2 Jahre im Frühjahr, mit Wurzelschnitt.

Erde: Indoor-Erde oder Lehm, Torf, Sand 1:2:2.

Schneiden: Äste immer möglich. Neuaustrieb auf 1–2 Blattpaare zurückschneiden, wenn er 4 Blattpaare entwickelt hat. Oder Triebspitzen immer wieder auszupfen, wenn Seitentriebe sichtbar werden.

Drahten: immer möglich; neue Triebe erst dann, wenn sie leicht verholzt sind.

Vermehrung: durch Samen.

Lagerstroemia indica
Lagerströmie
Alter ca. 12 Jahre, Größe 18 cm.

Familie: Lythraceae – Weiderichgewächse
Heimat: Japan, Korea, China

In Asien beheimatet und in allen Mittelmeerländern zuhause ist dieser subtropische, laubabwerfende, weiß, rosa und lila blühende Strauch. Er wird 3–7 m hoch, hat ovale, frischgrüne Blätter und ab August bis September Blütenrispen – am äußeren Ende der einjährigen Triebe. Ältere Bäume haben eine lebhaft rosa-braun gefärbte Rinde.

Lagerstroemia indica
Lagerströmie

Standort: ganzjährig drinnen an einem luftigen, sonnigen West- oder Südfenster – bei starker Sonne leicht schattieren; oder ab Ende Mai draußen an einem sonnigen Platz. Im Winter „Kalthausklima", ideal 6–10°C, etwas höhere Temperaturen möglich.

Gießen: im Sommer reichlich, jedoch Erde vor dem Gießen immer etwas antrocknen lassen. Im Winter weniger. Ab Mitte Juli, also kurz vor der Blüte, auch etwas sparsamer, um die Blütenbildung zu fördern. Blüht die Lagerströmie, wieder reichlich gießen.

Düngen: von Frühjahr bis Herbst alle 14 Tage mit flüssigem Bonsai- oder Blumendünger. Im Winter mit dem Düngen aussetzen.

Umtopfen: alle 2 Jahre im Frühjahr vor dem Austrieb mit Wurzelschnitt.

Erde: Indoor-Erde oder Lehm, Torf, Sand 1:2:1.

Schneiden: Äste immer möglich. Wenn der Neuaustrieb 6 Blattpaare erreicht hat, auf 1–2 zurücknehmen. Das gilt für die Gestaltung von jungen Pflanzen oder auch, wenn kein Wert auf die Blüte gelegt wird; sonst erst im Herbst nach der Blüte kräftig bis ins alte Holz zurückschneiden.

Drahten: nicht während der Blüte, sonst immer.

Vermehrung: durch Samen und Stecklinge.

Lantana camara
Wandelröschen
Alter ca. 8 Jahre,
Größe 40 cm.

Familie: Verbenaceae – Eisenkrautgewächse
Heimat: subtrop. und tropische Klimazonen

In vielen subtropischen Gärten bilden die immergrünen Lantanen in ihrer Blütezeit oft sehr schöne, farbige Hecken. Lantana camara ist ein 1–2 m hoher, dekorativer Strauch mit hellgrauer, glatter Rinde und ovalen, dunkelgrünen Blättern. Im Sommer stehen die Blüten in runden Büscheln und ändern ihre Farbe von rosa und gelb in orange und rot. Daher der Name „Wandelröschen". Oft finden sich verschiedene Farbkombinationen auf derselben Pflanze oder Blüten und blau-schwarze Beeren zur gleichen Zeit. Die Lantana ist bei uns eine abwechslungsreiche und doch anspruchslose Zimmerpflanze; sie eignet sich gut für die Bonsai-Gestaltung.

Lantana camara
Wandelröschen

Standort: ganzjährig drinnen an einem hellen Ost-, West- oder Südfenster (dann bei praller Sonne schattieren) oder ab Ende Mai – September draußen an einem luftigen, sonnigen Platz. Im Winter bei 15–20°C. Nachtabsenkung der Temperatur wichtig.

Gießen: mit kalkarmen Wasser; im Sommer reichlich, im Winter weniger, jedoch gleichmäßig feucht halten.

Düngen: von Frühjahr – Herbst alle 14 Tage mit flüssigem Bonsai- oder Blumendünger. Im Winter alle 4–6 Wochen düngen.

Umtopfen: alle 2 Jahre im Frühjahr mit Wurzelschnitt.

Erde: Indoor-Erde oder Lehm, Torf, Sand 1:1:2.

Schneiden: Äste immer möglich – neue Triebe nach der Blüte bis auf 1 Blattpaar zurückschneiden; wenn Früchte gewünscht werden, oberhalb der Fruchtstände abschneiden.

Drahten: immer möglich, aber nicht notwendig und nicht zu empfehlen, denn Lantana-Zweige sind sehr brüchig.

Vermehrung: durch Stecklinge und Samen.

Malpighia coccigera
Barbadoskirsche
Alter ca. 9 Jahre,
Größe 39 cm.
Aus der Sammlung
Jyoti und Nikunj
Parekh, Indien.

Familie: Malpighiaceae – Malpighiengewächse
Heimat: Westindien, subtropische Klimazonen

Ein kleiner, immergrüner, dorniger Strauch mit glänzend-grünen, stachligen Blättchen und kleinen Blüten von Juni – August. Barbadoskirschen sind wuchsfreudig und als Bonsai gezogen, dekorative Bäumchen. Hellrosa Blüten erscheinen aus den Blattachseln der verholzten Triebe.

Malpighia coccigera
Barbadoskirsche

Standort: ganzjährig an einem hellen, sonnigen Ost-, West- oder Südfenster, bei praller Sonne schattieren. Im Winter bei 18–24°C.

Gießen: das ganze Jahr über gleichmäßig feucht halten.

Düngen: von Frühjahr bis Herbst alle 14 Tage mit flüssigem Bonsai- oder Blumendünger; im Winter alle 4–6 Wochen.

Umtopfen: alle 1–2 Jahre im Frühjahr mit Wurzelschnitt, Drainageschicht wichtig.

Erde: Indoor-Erde oder Torf, Lehm, Sand 2:1:1.

Schneiden: Äste immer möglich; Neuaustrieb auf 1–2 Blattpaare zurücknehmen, wenn er 5–6 Blattpaare erreicht hat.

Drahten: immer möglich bei Ästen und leicht verholzten Trieben. Ältere Äste nicht zu stark biegen, sonst reißen sie ein.

Vermehrung: durch Samen und Stecklinge (bewurzeln nur bei Bodenwärme von etwa 25°C).

Murraya paniculata
Orangenraute,
Orangenjasmin
Alter ca. 48 Jahre,
Größe 55 cm.

Murraya paniculata
Orangenraute,
Orangenjasmin

Familie: Rutaceae – Rautengewächse
Heimat: Asien

Ein immergrüner, baumartiger Strauch mit heller, glatter Rinde, unpaarig gefiederten Blättern, stark duftenden, glockenförmigen, weißen Blüten und rotem Beerenschmuck.
In seiner tropischen Heimat Südchina, Indien, Indonesien weit verbreitet, bei uns auch als „cosmetic bark tree" bekannt, denn seine Rinde wird zur Kosmetikherstellung verwendet.

Standort: das ganze Jahr über in der Wohnung; im Sommer an einem hellen, luftigen Ost-West- oder Südfenster; dann aber pralle Sonne vermeiden und in der größten Hitze schattieren. Im Winter bei 16°–20°C.

Gießen: das ganze Jahr über gleichmäßig feucht halten.

Düngen: in der Hauptwachstumszeit von April bis September alle 14 Tage mit flüssigem Indoor- oder Blumendünger. Im Winter alle 4–6 Wochen.

Umtopfen: alle 2 Jahre im Frühjahr (April) mit Wurzelschnitt.

Erde: Bonsai-Erde oder Lehm-Torf-Sand 2:2:1.

Drahten: das ganze Jahr über möglich.

Schneiden: Äste immer. Neuaustrieb auf 2 Blätter zurückschneiden, wenn er 4–6 entwickelt hat.

Vermehrung: durch Samen. Rote Früchte vom Fruchtfleisch befreien und gleich aussäen. Durch Stecklinge, bewurzeln bei Bodenwärme (28°–30°C).

Myrciaria cauliflora
Jabuticaba
Alter ca. 6 Jahre,
Größe 38 cm.

Familie: Myrtaceae – Myrtengewächse
Heimat: Brasilien, Südamerika

Myrciaria cauliflora
Jabuticaba

Die Myrciaria-Arten werden in ihrer tropischen Heimat 10–12 m hoch. Es sind baumartige, sich reich verzweigende Obststräucher mit lebhaft gefleckter Rinde und länglichen, frisch-grünen Blättern. Nachwachsende Blätter sind zunächst rosa.
In seiner Blütezeit ist die Jabuticaba mit Büscheln kleiner, weißer Blüten an Stamm und Ästen übersät, aus denen sich dunkle Beerenfrüchte entwickeln.
Jabuticaba-Früchte sind in manchen Feinkostgeschäften zu haben. Jabuticaba-Bonsai können Sie aus den Kernen dieser Früchte selbst ziehen.
Es werden schöne Bäumchen, die bei uns aber kaum blühen.

Standort: liebt keine pralle Sonne, ganzjährig an einem hellen Ost-, West- oder Nordfenster; im Winter bei 18–24°C.

Gießen: mit kalkarmem Wasser; im Sommer reichlich, im Winter je nach Standort mehr oder weniger, aber gleichmäßig feucht halten.

Düngen: ab März bis August alle 14 Tage mit flüssigem Bonsai- oder Blumendünger; im Winter alle 4–6 Wochen.

Umtopfen: alle 2 Jahre im Frühjahr, mit leichtem Wurzelschnitt.

Erde: Indoor-Erde oder Lehm, Torf, Sand 1:2:2.

Schneiden: Äste immer. Neuaustrieb auf 2–4 Blattpaare zurückschneiden, wenn er 4–5 entwickelt hat.

Drahten: kaum nötig, aber immer möglich; nur verholzte Äste drahten.

Vermehrung: durch Samen.

Myrtus gestaltet von Udo Fischer

Familie: Myrtaceae-Myrtengewächse
Heimat: Mittelmeerraum, Vorderasien

Ein immergrüner, reizvoller Zierstrauch mit ledrigharten, dunkelgrünen, lanzettförmigen Blättchen und kleinen, weißen Blüten, die sich von Juni bis Herbst zahlreich in den Blattachseln bilden. In seiner subtropischen Heimat kann er 3–5 m hoch werden. Seit uralten Zeiten ein sagenumwobener, symbolträchtiger Strauch; bei uns schon im frühen Mittelalter bekannt und als Heilpflanze verwendet.

Myrtus communis
Myrte

Myrten eignen sich sehr gut für die Bonsai-Gestaltung, denn sie sind starkwüchsig und durch Schneiden leicht zu formen.

Standort: im Sommer ab Ende Mai draußen an einem halb-sonnigen, luftigen Platz oder drinnen an einem Ost- oder West-Fenster. Ein Südfenster ist zu heiß. Ab Oktober am besten ein kühler, heller Platz bei 4°–10°C. Die Myrte kann auch wärmer stehen, bis etwa 18°C, wenn für eine nächtliche Absenkung der Temperatur gesorgt wird.

Gießen: reichlich im Sommer – sparsam im Winter. Kalkarmes Wasser ideal, „nasse Füße" vermeiden.

Düngen: ab März bis Mitte August alle 14 Tage mit flüssigem Indoor- oder Blumendünger; im Winter alle 4–6 Wochen, wenn sie wärmer steht, sonst nicht.

Umtopfen: alle 2–3 Jahre im Frühjahr mit Wurzelschnitt. Nicht zu tief eintopfen; Stammansatz sollte frei von Erde sein.

Erde: Indoor-Erde oder Lehm, Torf, Sand 1:1:2.

Schneiden: Neuaustrieb der Äste immer wieder kräftig zurückschneiden auf 2–3 Blättchen. Wenn auf Blüte Wert gelegt wird, Neuaustrieb ab Ende April nicht mehr zurückschneiden; erst nach der Blüte wieder zurücknehmen.

Drahten: der Äste das ganze Jahr über möglich; kann aber auch ohne Drahten leicht gestaltet werden.

Vermehrung: einfach durch Stecklinge (leicht verholzt) und Samen (lange Keimdauer).

Olea europaea
Ölbaum, Olive
Alter ca. 80 Jahre, Größe 50 cm. Aus der Sammlung Umberto Margiacchi, Italien.

Familie: Oleaceae – Ölbaumgewächse
Heimat: Mittelmeerraum

Seit dem frühen Altertum ein charakteristischer Baum des Mittelmeerraumes. Sein Laub gibt dort Hügeln und Tälern eine silbrig-graue Tönung. Ölbäume haben schmale, längliche, grau-grüne, ledrige Blätter, entwickeln unscheinbare Blüten und schwarze Früchte; sie können uralt werden. Baumveteranen von 800–1000 Jahre sind keine Seltenheit. Alte Bäume haben eine aufgerissene, borkige Rinde und knorrige Äste.

Olea europaea
Ölbaum, Olive

Standort: ganzjährig drinnen an einem hellen, sonnigen Süd- oder Westfenster oder ab Ende Mai draußen an einem sonnigen Platz. Im Winter hell, luftig. Ideal bei Temperaturen von 6–12°C; auch höhere Temperaturen bis 18°C möglich, dann Nachtabsenkung nicht vergessen.

Gießen: Sommer wie Winter antrocknen lassen, kräftig nachgießen, antrocknen lassen.

Düngen: von April – September alle 3–4 Wochen mit flüssigem Bonsai- oder Blumendünger; im Winter nicht düngen.

Umtopfen: alle 2 Jahre im Frühjahr mit Wurzelschnitt.

Erde: Indoor-Erde oder Lehm, Torf, Sand 2:1:2.

Schneiden: Äste immer; aber nicht zu stark zurückschneiden, da Ölbäumchen sonst schwer wieder austreiben. Neuaustrieb auf 6–8 Blattpaare wachsen lassen, dann auf 6 Blattpaare einkürzen; oder die neuen Triebe lang wachsen lassen und nach deren Verholzung drahten und in Form biegen.

Drahten: Äste immer möglich; Triebe, wenn sie leicht verholzt sind.

Vermehrung: durch Steckhölzer oder Samen (Olivenkerne).

Podocarpus macrophyllus
Steineibe
Alter ca. 120 Jahre,
Größe 68 cm.

Podocarpus macrophyllus
Steineibe

Familie: Podocarpaceae – Steineibengewächse
Heimat: Japan, China

Steineiben, auch die „Kiefern der Buddhisten" genannt, können in ihrer Heimat und in subtropischen Klimazonen bis zu 12 m hoch werden. Es sind langsam wachsende Nadelbäume mit horizontal wachsenden Ästen.

Standort: ganzjährig drinnen an einem Ost-, West- oder Nordfenster (kein Südfenster), oder ab Ende Mai bis September draußen im Halbschatten. Im Winter bei 16–22°C im Haus.

Gießen: das ganze Jahr über mäßig, aber gleichmäßig feucht halten.

Düngen: von Frühjahr bis Herbst alle 14 Tage mit flüssigem Bonsai- oder Blumendünger; im Winter alle 4–6 Wochen düngen.

Umtopfen: alle 2–3 Jahre im Frühjahr; mit ganz leichtem Wurzelschnitt.

Erde: Indoor-Erde oder Lehm, Torf, Sand 1:1:1.

Schneiden: Äste immer möglich. Neuaustrieb auf 2–4 cm zurückschneiden, wenn er auf 6–8 cm gewachsen ist oder die neuen Triebe wachsen lassen und, nachdem sie leicht verhärtet sind, drahten.

Drahten: Äste immer möglich; neue Triebe ab September bis März.

Vermehrung: durch Samen und Stecklinge.

Polyscias fruticosa
Ming-Aralie̊
Alter ca. 5 Jahre,
Größe 20 cm.

Polyscias fruticosa
Ming-Aralie

Familie: Araliaceae – Araliengewächse
Heimat: Polynesien, trop. Asien

Am heimatlichen Standort sind die meisten Araliengewächse Sträucher von beachtlicher Höhe; einige davon uns schon lange als Topfpflanzen wohlbekannt. Die immergrüne Mingaralie eignet sich auch zur Bonsai-Gestaltung. Mit ihren krautigen, langstielig-gefiederten Blättern ist sie in ihrer natürlichen Wuchsform, als „Miniaturstrauch" gezogen, am schönsten.

Standort: Mingaralien können sonnig und schattig stehen; ganzjährig drinnen an einem Ost-, West-, Nord- oder Südfenster; nur bei praller Sonne schattieren. Im Winter bei 18°C–24°C. Temperaturen nicht unter 16°C absinken lassen.

Gießen: immer feucht halten, aber Staunässe vermeiden; liebt hohe Luftfeuchtigkeit.

Düngen: von Frühjahr bis Herbst alle 14 Tage mit flüssigem Bonsai- oder Blumendünger. Im Winter alle 4–6 Wochen düngen.

Umtopfen: alle 2 Jahre im Frühjahr mit Wurzelschnitt; für gute Drainage sorgen.

Erde: Indoor-Erde oder Lehm, Torf, Sand 1:2:1.

Schneiden: der Äste immer möglich. Neuaustrieb entweder wachsen lassen und im darauffolgenden Frühjahr stark zurücknehmen oder die neuen Triebe ständig auf 1–2 Blattpaare einkürzen, wenn sie 4–5 Blattpaare entwickelt haben.

Drahten: immer möglich, aber wenig effektiv.

Vermehrung: durch Stecklinge, bewurzeln bei Bodenwärme (22–24°C).

Punica granatum
Nana
Granatapfelbaum
Alter ca. 12 Jahre,
Größe 35 cm.

Familie: Punicaceae – Granatapfelgewächse
Heimat: Mittelmeerraum, Persien, Indien

Der Granatapfelbaum wird schon seit vorgeschichtlicher Zeit kultiviert. Im alten Ägypten und auch im alten Israel war er als Kultpflanze heilig. Er soll 613 Kerne haben – wie das Alte Testament 613 Gesetze enthält. Er ist ein laubabwerfender, baumartiger Strauch mit kleinen, spitzen, glänzend-grünen Blättern, orangeroten Blüten im Spätsommer und kleinen, roten, apfelähnlichen Früchten. Bei uns reifen die Fruchtansätze selten aus und fallen mit dem Laub ab.

Punica granatum Nana
Granatapfelbaum

Standort: das ganze Jahr über in der Wohnung an einem gut belüfteten Süd- oder Westfenster oder ab Ende Mai bis September an einem sonnigen Platz im Freien; nach dem Abwerfen der Blätter wieder in die Wohnung nehmen. Eine kühle (6–10°C) wie auch wärmere Überwinterung (bis zu 18°C) ist möglich. Dann allerdings wächst die Pflanze nicht so kompakt und wird spindelig.

Gießen: im Sommer reichlich, im Winter sehr wenig, wenn die Pflanze ihre Winterruhe einhält. Gleichmäßig feucht halten, wenn sie wärmer steht.

Düngen: von Frühjahr bis Herbst. Während der Hauptwachstumszeit alle 14 Tage mit flüssigem Bonsai- oder Blumendünger; bei warmer Überwinterung alle 4–6 Wochen, sonst Düngung im Winter einstellen.

Umtopfen: alle 2 Jahre im Frühjahr vor dem Austrieb, mit Wurzelschnitt.

Erde: Indoor-Erde oder Lehm, Torf, Sand 1:1:1.

Schneiden: der Äste immer. Neuaustrieb auf 6 Blattpaare wachsen lassen, dann auf 1–2 einkürzen. Wenn Blüte erwünscht wird, Neuaustrieb ab Ende März nicht mehr zurückschneiden; erst nach der Blüte stark zurücknehmen, um Baumform zu erhalten.

Drahten: nicht während der Blüte, sonst immer.

Vermehrung: durch Stecklinge und Samen.

Rhododendron „simpsii" Azalea indica. Alter ca. 65 Jahre, Größe 68 cm.

Familie: Ericaceae – Heidekrautgewächse
Heimat: Ostasien

In ihrer subtropischen Heimat wachsen die immergrünen, farbenprächtigen Blütensträucher in feuchten, kühlen, schattigen Tälern. Als Zimmerpflanzen und für die Bonsai-Gestaltung besonders geeignet sind die kleinblütigen Zwergformen mit ihren glänzend hell-dunkelgrünen Blättchen und ihrer vielfältigen Blütenpracht von November bis April in allen Weiß-, Rosa-, Rot-, Orange- und Violett-Tönen.

Rhododendron "simpsii"
Azalea indica

Standort: liebt das ganze Jahr über einen kühleren Platz. Im Sommer entweder an einem hellen, kühlen Nord-, Ost- oder Westfenster (wenn nötig, schattieren) oder ab Mai – September draußen im Halbschatten; im Winter ein heller Fensterplatz bei möglichst 6–12°C.

Gießen: mit kalkarmen Wasser; reichlich im Sommer, vor allem während der Blütezeit. Sonst mäßig, aber gleichmäßig; nie ballentrocken werden lassen und auch Staunässe vermeiden.

Düngen: alle 14 Tage von Juni – August mit Bonsai- oder Moorbeetpflanzendünger. Im Winter nicht düngen.

Umtopfen: etwa alle 2–3 Jahre nach der Blüte, mit leichtem Wurzelschnitt.

Erde: Indoor-Erde und Torf 1:1 oder Lehm, Torf, Sand 1:4:2.

Schneiden: Äste immer möglich. Triebe, die sich um die Blütenknospen bilden, ganz ausbrechen. Nach der Blüte Blütenreste ausbrechen (auszupfen), damit die Pflanze keine Samenstände ansetzt, sondern verstärkt neue Triebe bildet. Den Neuaustrieb immer wieder auf 1–2 Blattpaare zurückschneiden, wenn er ca. 6 Blattpaare entwickelt hat. Neuaustriebe direkt am Stamm und Wurzelansatz sofort entfernen.

Drahten: Azaleenzweige sind sehr brüchig. Wenn, dann vorsichtig drahten.

Vermehrung: durch Stecklinge (schwierig).

Sageretia theezans
Sageretie
Alter ca. 35 Jahre, Größe 42 cm. Aus der Sammlung Yee-sun Wu, Hongkong.

Familie: Rhamnaceae – Kreuzdorngewächse
Heimat: Südchina

Ein tropischer, immergrüner Strauch mit glänzenden, kleinen, hellgrünen Blättchen und einer interessanten, lebhaft gefleckten Rinde, ähnlich der Rinde von Platanen. Er ist sehr wuchsfreudig und eignet sich gut zur Bonsai-Gestaltung und als Indoor, da er im Winter in der Wohnung bei genügend hoher Luftfeuchtigkeit sehr gut Temperaturen von 18°–22°C verträgt.

Sagaretia theezans
Sageretie

Standort: ganzjährig im Haus an einem hellen Ost-West-Südfenster oder ab Ende Mai draußen – bei starker Sonne drinnen wie draußen leicht schattieren. Hell auch im Winter, ideal bei 12°–18°C, oder auch bei 18°–24°C.

Gießen: im Sommer reichlich, im Winter je nach Standort mehr oder weniger, aber immer gleichmäßig feucht halten.

Düngen: nach dem Austrieb von Frühjahr bis Herbst alle 14 Tage mit flüssigem Bonsai- oder Blumendünger. Im Winter bei einem wärmeren Standort 1x monatlich.

Umtopfen: alle 1–2 Jahre vor dem Austrieb im Frühjahr mit Wurzelschnitt.

Erde: Indoor-Erde oder Lehm, Torf, Sand 2:2:1.

Schneiden: Äste das ganze Jahr über möglich, Neuaustrieb auf 2–3 Blattpaare zurücknehmen. Wenn die Sageretia nicht zurückgeschnitten wird, entwickelt sie zarte, gelblich-weiße Blütenrispen in den Blattachseln der neuen Triebe.

Drahten: Äste immer; den Neuaustrieb erst, wenn er verholzt ist.

Vermehrung: leicht durch Stecklinge.

Schefflera actinophylla
Lackblatt
Alter ca. 10 Jahre, Größe mit Stein 45 cm.

Familie: Araliaceae
Heimat: Australien

In tropischen Ländern ein bis zu 15 m hoher, immergrüner, schattenspendender Baum mit fast schirmgroßen, strahlenförmig-geteilten, langstieligen Blättern; bei uns seit langem eine beliebte Topfpflanze. Das Stämmchen bleibt zunächst verhältnismäßig dünn und verzweigt sich auch nicht zu einer Baumkrone wie andere tropische Sträucher. Die Schefflera wird oft auch als Felsenbonsai gezogen, da sie mangrovenartige Wurzeln ausbildet. Hat der Stamm die Höhe erreicht, die zum Felsen paßt, wird die Spitze des Triebes abgeschnitten,

Schefflera actinophylla
Lackblatt

„geköpft". Daraufhin bildet die Pflanze neue Triebe aus. Durch wiederholtes Köpfen kann man erreichen, daß sich die Schefflera verzweigt, kompakt bleibt und dickere Wurzeln entwickelt.

Standort: ein ganzjähriger Fensterplatz in der Wohnung, so hell wie möglich, denn je heller, desto kürzer die Blattstiele und kleiner die Blätter. Ideale Temperaturen: 18–22°C, nicht unter 15°C halten. Scheffleren können auch auf der Heizung stehen. Steht die Schefflera zu dunkel, bekommt sie sehr lange Blattstiele. Wird sie zu feucht gehalten, entwickelt sie große Blätter.

Gießen: steht die Pflanze mit dem Felsen auf der Lecatonschicht, diese immer naß halten. Der Felsen darf nicht im Wasser stehen. Ist die Pflanze in Erde eingepflanzt, sparsam gießen.

Düngen: 1 x monatlich mit flüssigem Bonsai- oder Blumendünger. Konzentration wie für Topfpflanzen. Bei Felspflanzungen Hydro-Dünger unter die Lecatonschicht streuen: 1 Eßlöffel ist ausreichend für 6 Monate.

Umtopfen: alle 2 Jahre im Februar/März bei Scheffleren in Erde; dabei werden auch die Wurzeln zurückgeschnitten. Bei Felsenformen, die auf einer Lecatonschicht stehen, können die Wurzeln bei sehr starkem Wuchs auch eingekürzt werden. Ist der Felsen für die Schefflera zu „klein" geworden, Felsenpflanzung in eine mit Erde gefüllte Bonsai-Schale umsetzen.

Erde: Lehm, Sand, Torf 1:2:2.

Schneiden: das ganze Jahr über möglich.

Drahten: nicht möglich.

Vermehrung: durch Samenaussaat im Frühjahr, ganzjährig durch Kopfstecklinge.

Serissa foetida
Junischnee
Alter ca. 6 Jahre,
Größe 25 cm.

Familie: Rubiaceae – Krappgewächse
Heimat: Südchina, Südostasien

In ihrer chinesischen Heimat wird die Serissa auch „Baum der tausend Sterne" genannt; sie ist ein immergrünes, wuchsfreudiges Bäumchen mit kleinen Blättchen und weißer Blütenpracht im Juni; vereinzelte Blüten das ganze Jahr über möglich. Die Blühwilligkeit der Pflanze wird erhöht, wenn die verblühten Blüten gleich abgezupft werden. Auf Standortwechsel reagiert die Serissa oft mit starkem Blattabfall, erholt sich aber schnell wieder.

Serisa foetida
Junischnee

Standort: im Sommer an einem sehr hellen Ost- oder West-Fenster, auch am Südfenster, dann bei starker Sonne schattieren, oder ab Ende Mai draußen, dann aber nicht in voller Sonne. Im Winter an einem hellen Fensterplatz zwischen 12–18°C; bei Nachtabsenkung auch etwas höhere Temperaturen möglich.

Gießen: im Sommer braucht die Pflanze viel Wasser; im Winter gleichmäßig feucht halten. Das Absterben von Ästen ist oft auf Schädigungen im Wurzelbereich durch Ballentrockenheit oder Überdüngung zurückzuführen.

Düngen: von Frühjahr bis Herbst alle 14 Tage, vorzugsweise mit rein organischen Düngern (flüssigen Bonsai- oder Blumendüngern). Im Winter nur bei einem warmen Standort alle 4–6 Wochen.

Umtopfen: alle 2 Jahre im März/April mit leichtem Wurzelschnitt. Beim Wurzelschnitt tritt ein durchdringender Geruch auf, daher der Beiname foetida = lat.: die Stinkende.

Erde: Indoor-Erde oder Lehm-Sand-Torf 1:1:1.

Schneiden: Äste das ganze Jahr über möglich; junge Triebe auf 1–2 Blattpaare zurückschneiden, wenn sie 3–4 Blattpaare entwickelt haben. Um das starkwüchsige Bäumchen kompakt zu halten, ist oft zusätzlich, etwa alle 1–2 Jahre, ein starker Rückschnitt bis ins alte Holz notwendig. Nach dem Rückschnitt entwickelt sich der Neuaustrieb, der dann meist – wenn er 2–3 Blattpaare entwickelt hat – Blüten ansetzt.

Drahten: immer möglich.

Vermehrung: sehr leicht durch Stecklinge.

Ulmus parvifolia
Chinesische Ulme
Alter ca. 30 Jahre,
Größe 46 cm.

Familie: Ulmaceae – Ulmengewächse
Heimat: China

In ihrer asiatischen Heimat werden diese schönen, halb-immergrünen Bäume bis zu 20 m hoch – und sie werden dort auch schon lange in Miniaturform gestaltet. Ulmen-Bonsai haben ein fein verzweigtes Astwerk und ovale, frisch-grüne, gekerbte Blättchen. Sie sind sehr anspruchslos, vertragen Temperaturunterschiede und auch mal, wenn sie zu naß oder zu trocken stehen.
Als Zimmerbonsai eignen sich Ulmen aus Südchina und ähnlichen Klimazonen. Ulmen-Bonsai aus Japan sind Bonsai für draußen.

Ulmus parvifolia
Chinesische Ulme

Standort: ganzjährig drinnen an einem hellen, auch sonnigen Platz (Ost-, West-, Nord- oder Südfenster) oder ab Ende Mai bis September draußen, halbschattig bis sonnig. Ulmen können kühl (von 6–10°C) oder wärmer (18–22°C) überwintern.

Gießen: im Sommer kräftig gießen, leicht antrocknen lassen, erneut kräftig wässern... Im Winter – je nach Standort: steht sie warm, wie im Sommer gießen; steht sie kühl, weniger, aber regelmäßig.

Düngen: von Frühjahr bis Herbst alle 14 Tage mit flüssigem Bonsai- oder Blumendünger. Im Winter alle 4–6 Wochen düngen.

Umtopfen: alle 2 Jahre Anfang Frühjahr mit Wurzelschnitt.

Erde: Indoor-Erde oder Lehm, Torf, Sand 2:1:1.

Schneiden: Äste immer möglich. Neuaustrieb auf 8 Blattpaare wachsen lassen und dann auf 2–3 einkürzen.

Drahten: Äste immer möglich, Triebe, wenn sie leicht verholzt sind.

Vermehrung: durch verholzte Stecklinge (leicht).

Schädlinge und Krankheiten

Jede gesunde Pflanze besitzt genügend Widerstandskraft, um einen großen Teil an Schädlingen und Krankheiten abzuwehren. Deshalb ist eine gewissenhafte Pflege der Bäumchen der beste Schutz. Dazu gehören der richtige Standort, die richtige Beschaffenheit der Erde, das richtige Gießen und das richtige Düngen. Wenn Ihre Pflanze kränklich oder von Schädlingen befallen wird, sollten Sie sich über diese Punkte Gedanken machen. Bekämpfen Sie nicht nur die Krankheit, sondern forschen Sie auch nach ihrer Ursache.
Jeder Hobby-Gärtner weiß, daß ein Zuviel an Licht, Wärme oder Feuchtigkeit sich ebenso ungünstig auswirken kann wie ein Zuwenig. So führt Wassermangel im Boden zum Welken und Vertrocknen der Blattränder oder Triebspitzen, zu Blatt-, Stengel- und Blütenmißbildungen, zu Blütenabwurf, vorzeitiger Einstellung des Wachstums und anderen krankhaften Reaktionen der Pflanze. Wasserüberschuß und Staunässe beeinträchtigen die Bodendurchlüftung und damit das Bodenleben. Sie hemmen die Lebenstätigkeit der Pflanzenwurzeln und begünstigen die Wurzelfäule. Die Blätter vergilben, oder die ganzen Pflanzen sterben ab.
Dieses Kapitel soll Ihnen helfen, Krankheitssymptome richtig zu deuten und Schädlinge zu erkennen, um sie dann wirksam bekämpfen zu können. Mit den modernen Mitteln ist das heute immer leichter und erfolgreicher möglich.
In der letzten Zeit setzen sich einfach zu handhabende Granulate durch, z.B. Compron von der Firma Compo und Croneton von Bayer. Diese Mittel werden auf die Erdoberfläche aufgestreut, lösen sich beim Gießen auf und werden von den Wurzeln aufgenommen. Die Wirkstoffe verteilen sich in der ganzen Pflanze und werden von den Schädlingen aufgesaugt. Bei ausreichender Feuchtigkeit ist eine Wirkung nach 3–7 Tagen festzustellen.
Auch Combi-Sprays, z.B. Rosenspray, Combiplus von Cela-Merck, erleichtern die Schädlingsbekämpfung. Sie wirken gegen Pilze und tierische

Schädlinge, besonders Mehltau, Blattläuse, Spinnmilben und weiße Fliegen.

1. Schädlinge

Blattläuse

Verkümmerte Blätter und Triebe sind oft ein Zeichen für Blattläuse. Sie sitzen meist an den Blattunterseiten und Triebknospen und saugen das Bäumchen regelrecht aus. Fast immer können Blattläuse durch Abspritzen mit Wasser entfernt werden (z.B. mit der Badewannenbrause). Genügt dies nicht, sprühen Sie mit Gartenspray Parexan oder streuen Sie Compron- oder Croneton-Granulat auf die Erde.

Schildläuse

Bräunliche, pockenartige Erhebungen – meist auf der Unterseite der Blätter – sind fast immer Schildläuse. Sie lassen sich mit einem Hölzchen abkratzen oder mit der Hand abreiben. Hilft das nicht, spritzen Sie zusätzlich mit 0,2%iger Aphisan-Lösung oder streuen ein wenig Compron- oder Croneton-Granulat auf die Erde oder sprühen mit Gartenspray Parexan.

Woll-, Blut- oder Schmierläuse

Eine Art kleine Wattebällchen am Stamm, an den Astgabelungen und in den Winkeln zwischen Zweigen und Blättern sind ein untrügliches Zeichen für Woll-, Blut- oder Schmierläuse. Diese winzigen Schädlinge sitzen im Inneren des Wollknötchens in einer wächsernen Masse und verschanzen sich gegen alle Gegenmittel von außen. Am besten gießen Sie mit 0,1% Ekamet oder 0,15% Unden-Lösung. Oder: Streuen Sie Compron- oder Croneton-Granulat auf das Erdreich.

Wurzelläuse

Gelbe Blätter und ein Verkümmern des Bäumchens können ihre Ursache im Befall des Wurzelsystems haben. Wenn Sie das Bäumchen aus der Schale heben und an den Wurzeln winzige weißlich-graue, wie Wattebällchen aussehende Gebilde entdecken, ist es von Wurzelläusen befallen. Sie können die Erde mit Alphos- oder Metasystox-Lösung gießen oder Compron- oder Croneton-Granulat auf die Erde streuen.

Rote Spinne oder Spinnmilbe	Ein hauchfeines Spinnennetz über fahl werdenden Blättern kann ein Hinweis auf die Rote Spinne oder Spinnmilbe sein. Wenn Sie den Ast über einem weißen Papier schütteln, werden die Milben sichtbar. Sie sehen meistens aus wie rotes Paprika-Pulver, können aber auch gelb oder braun sein. Mit einer Lupe erkennen Sie die Insekten. Für diese Schädlinge gibt es ein Spezialmittel: Metasystox R-Spezial oder PD 5. Spritzen Sie zwei- bis dreimal im Abstand von 14 Tagen oder streuen Sie Compron auf die Erde oder sprühen Sie mit Gartenspray Parexan.
Weiße Fliege	Eine weiße, stäbchenförmige Mottenschildlaus, die besonders auf Lantanen, Hibiscus und Sageretien zu finden ist, heißt: Weiße Fliege. Ihre Eier und Larven leben auf den Blattunterseiten der befallenen Pflanze versteckt. Der Schaden entsteht durch die Saugtätigkeit an den Blättern, die an der gelben Sprenkelung an der Blattoberseite sichtbar wird. Sie können die Weiße Fliege wirksam mit Ambush oder Gartenspray Parexan bekämpfen.

2. Krankheiten

Wurzelfäule	Wenn die Blätter Ihres Bonsai braun werden und ganze Äste absterben, handelt es sich sehr oft um die Wurzelfäule. Sie entsteht auch durch Überdüngen, aber am häufigsten dann, wenn Ihre Bonsai zu oft „nasse Füße" bekommen, also im Gießwasser stehen. Die feinen Faserwurzeln sterben ab, werden faul und matschig. Entfernen Sie alle faulen Wurzelteile und tauchen Sie das gesunde Wurzelwerk kurz in eine Benomyl- oder Orthocid-Lösung (tötet Fäulniserreger ab). Jetzt wird Ihr Indoor wieder in neue Erde gepflanzt, gut gewässert, aber dann etwas weniger gegossen als sonst. Die Wurzeln müssen sich neu bilden und können noch nicht so viel Wasser aufnehmen. Mindestens 8 Wochen nicht düngen! Stellen Sie das Bäumchen während der Genesungszeit auch nicht direkt in die Sonne, es braucht Schonung.

Sternrußtau

Bilden sich – vor allem an den älteren Blättern und oft nur auf einer Seite – rußartige, schwarze Ablagerungen, leidet Ihr Zimmer-Bonsai wahrscheinlich an Sternrußtau. Diese Erkrankung tritt häufig zusammen mit Blattläusen auf. Behandeln Sie Ihr Bäumchen mit Ortho-Phaltan 50 oder Rosenspray Baymat.

Echter Mehltau

Ein weißer, mehliger Belag auf der Oberseite der Blätter deutet auf eine Pilzerkrankung hin, die echter Mehltau genannt wird. Sie tritt auf, wenn Ihrem Zimmer-Bonsai die Luftzirkulation fehlt oder wenn Sie die Pflanzen zu spät übersprühen und die Blätter nicht mehr vor der nächtlichen Kühle abtrocknen können. Ein anderer möglicher Grund: Ihr Bäumchen hat zu viel Stickstoffdünger bekommen. Echter Mehltau wird mit einem Fungicid behandelt: Mit 0,15%iger Saprol-Lösung oder Rosenspray Baymat.

Falscher Mehltau

Entdecken Sie einen grauen Schimmelbelag an der Unterseite der Blätter und gelbe Flecken an der Oberseite, können Sie ziemlich sicher sein, daß es sich um den sog. falschen Mehltau handelt. Ihrem Bäumchen fehlt die Luftzirkulation oder es leidet unter zu hoher Feuchtigkeit in Luft und Boden. Stellen Sie es an eine luftigere Stelle und spritzen Sie mit Euparen oder Polyram Combi.

Gelbsucht oder Chlorose

Werden die Blätter Ihres Zimmer-Bonsai gelb, während die Blattadern grün bleiben, ist dies ein Zeichen für die Gelbsucht oder Chlorose – eine Mangelerscheinung an Eisen, die Sie mit Fetrilon F im Gießwasser beheben können.

Biologischer Pflanzenschutz und Hausmittel

Gegen viele Krankheiten und Schädlinge gibt es auch rein biologische Pflanzenschutzmittel wie Bio-Myctan von Neudorff gegen Blattläuse, Spinnmilben, Weiße Fliege und echten Mehltau; Insektenschutz von Oscorna gegen Blattläuse, Schmierläuse, Schildläuse, Weiße Fliege; Spruzit flüssig oder Spruzit Gartenspray von Neudorff gegen Blattläuse und Spinnmilben.

Zu den Hausmitteln gehören:

1. Brennessel: Für Kaltauszüge 100 g frische Pflanzenteile in 1 l Wasser ansetzen. Gegen Blattläuse und Weiße Fliege unverdünnt anwenden.

2. Kräutertees, z.B. Wermut: 1 l kochendes Wasser über 3 g getrockneten Wermut gießen. 15 Minuten ziehen lassen, abseihen, abkühlen und unverdünnt gegen Läuse, Milben und Rost anwenden.

3. Abwaschen der befallenen Pflanzen mit einer Schmierseifenlösung (5 g Seife auf 1 l Wasser). Die Seifenbrühe sollte nicht auf den Wurzelballen kommen.

Wichtig für die Krankheits- und Schädlingsbekämpfung

Sorgfältige Pflege ist der beste Schutz. Gegen fast alle Schädlinge und Krankheiten gibt es spezielle Gegenmittel. Sie sind im Handel erhältlich.

Beachten Sie genau die Angaben auf der Packung. Spritzen und sprayen Sie nicht in der Wohnung. Halten Sie vor allem beim Sprayen den vorgeschriebenen Abstand ein, um Erfrierungsschäden durch das Treibgas zu vermeiden.

Nicht nur Krankheiten und Schädlinge bekämpfen, sondern auch nach der Ursache forschen!

Wenn Sie nicht ganz sicher sind, um welchen Schädling oder welche Krankheit es sich handelt, fragen Sie den Fachmann, bevor Sie behandeln.

Umpflanzen und Wurzelschnitt

Kein Zimmer-Bonsai fühlt sich viele Jahre in der gleichen Erde wohl. Denn der Boden wird mit der Zeit mager, das heißt ärmer an den Stoffen, die das Bäumchen braucht. Der pH-Wert der Erde verändert sich, die Durchlässigkeit für Luft und Wasser nimmt ab. Außerdem wird die Erde allmählich aufgebraucht, und der Wurzelballen besteht nur noch aus einem verfilzten Wurzelgeflecht – fast ohne Erde.

Beim Umtopfen geht es also hauptsächlich um gute, neue Erde und um den Wurzelschnitt – das Umpflanzen in eine neue Schale ist erst in zweiter Linie wichtig. Um ein ausgewogenes Verhältnis zwischen Wurzeln und Baumkrone zu erreichen, müssen die Wurzeln immer wieder um mindestens 1/3 zurückgeschnitten werden. Entfernen Sie auch abgestorbene Wurzelteile. Das Wurzelwerk kann sich dann wieder gleichmäßig entwickeln. Nach jedem Rückschnitt bildet die Pflanze verstärkt neue Faserwurzeln.

Wurzelschnitt

Alte Indoors können Sie immer wieder in die gleiche Schale pflanzen, wenn Sie nicht aus ästhetischen Gründen eine neue ausgewählt haben. Junge und schnell wachsende Pflanzen brauchen aber alle ein bis zwei Jahre eine ca. 2 cm größere Schale.

Wie oft?

Wie oft Sie Ihren Zimmer-Bonsai umpflanzen, hängt vom Alter und von der Art ab. Schnell wachsende und jüngere Bäume sollten Sie jedes Jahr einmal umtopfen. Ältere und sehr langsam wachsende Indoors halten es 2–3 Jahre in der gleichen Erde aus.

Durchgewurzelter Ballen – höchste Zeit für's Umtopfen.

Höchste Zeit für ein Umtopfen mit Wurzelschnitt ist immer dann, wenn die Erde voll durchwurzelt ist und der Wurzelballen schon etwas hochgeschoben wird.

Die richtige Zeit für das Umtopfen ist Anfang Frühjahr vor der Hauptwachstumszeit. Aber auch zu jeder anderen Jahreszeit können Sie die meisten tropischen Bonsai umpflanzen.

Die Erdmischung

Neben ihrer Funktion, der Pflanze Halt zu geben, hat die Erde die wichtige Aufgabe, die kleinen Bäume mit Nahrung zu versorgen.

Erde ist ein Gemisch aus organischen und anorganischen Teilchen. Ihre wichtigsten Bestandteile sind Lehm, Sand und Humus. Der Lehm (eine natürliche Mischung aus Sand und Ton) hat eine Pufferwirkung. Sand lockert die Erde auf und macht sie durchlässiger für Luft und Wasser (Drainagewirkung). Der Humusanteil ist u.a. wichtig als Nährboden für die lebensnotwendigen Bakterien. Humus ist z.B. in Torf und Waldboden enthalten.

Für Indoor-Bonsai geeignete Erde können Sie fertig gemischt und abgepackt im Fachhandel kaufen. Empfehlenswert ist die Universal-Bonsai-Erde des Bonsai-Centrum Heidelberg. Sie enthält Niedermoortorf, Hochmoortorf, Vermiculit, gewaschenen Sand, Ziegelsplit, Algenmehl und granulierten Lehm und ist mit Nährstoffen und Spurenelementen angereichert. Der pH-Wert dieser Erdmischung liegt bei 5,5–6,8 und ist für fast alle Bonsai geeignet, für Azaleen (Moorbeetpflanzen) ist dieser Boden zu wenig sauer. Für sie muß saurer Torf zugesetzt werden. Wenn Sie Bonsai-Erde selbst herstellen möchten, halten Sie sich an folgende Erdmischung: Weißtorf, krümeliger Lehm, Sand im Verhältnis 2:1:2. Weißtorf und Sand können Sie kaufen. Krümeligen Lehm finden Sie auf Äckern, den besten auf neu aufgeworfenen Maulwurfshügeln. Für Azaleen und alle Indoors, die saure Erde brauchen, verändern Sie die Mischung in: ein Teil Lehmerde, zwei Teile Sand, fünf Teile Torf.

Und so wird's gemacht:

Lassen Sie vor dem Umtopfen die Erde ein bißchen mehr antrocknen als sonst. Sie läßt sich dann leichter von den Wurzeln lösen.

1. Nehmen Sie das Bäumchen aus der Schale.

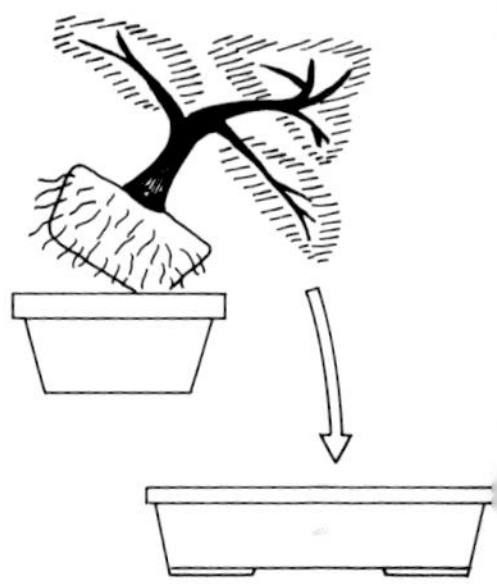

2. Falls Sie in eine neue Schale umpflanzen, bedecken Sie die Drainagelöcher mit den Plastiknetzen und befestigen Sie diese mit einer Drahtschlinge, damit sie nicht verrutschen. Sie verhindern so ein Ausrieseln der Erde.

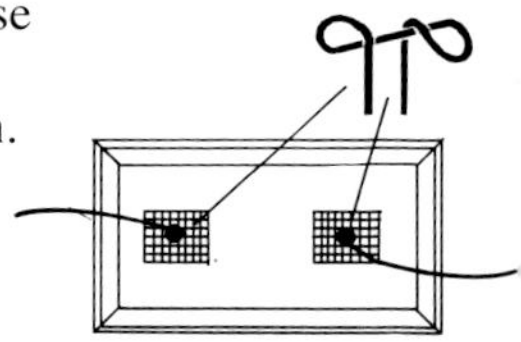

3. Wenn Sie eine sehr flache Schale ausgewählt haben und befürchten, Ihr Bäumchen könnte nicht genügend Halt haben, führen Sie einen Draht durch die Drainagelöcher. Mit ihm können Sie den umgetopften Baum später befestigen. Meistens ist das bei Zimmer-Bonsai aber nicht nötig, da sie nach dem Umtopfen nicht ins Freie gestellt und daher weder Wind noch Wetter ausgesetzt werden.

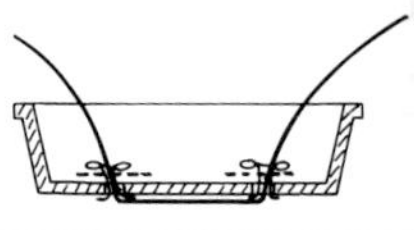

4. Pflanzen Sie Ihr Bäumchen in eine sehr hohe Schale, empfiehlt sich eine Drainageschicht, um Staunässe zu vermeiden. Streuen Sie dann zunächst Kieselsteine oder Lecaton auf den Boden der Schale – etwa 2 cm hoch –, bevor Sie mit Erde auffüllen.

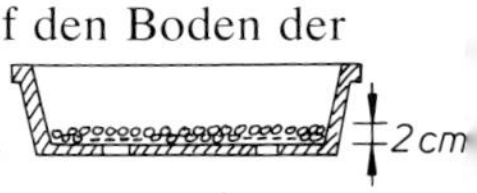

5. Füllen Sie von der vorbereiteten Erdmischung ein Häufchen auf den Schalenboden oder auf die Granulatschicht.

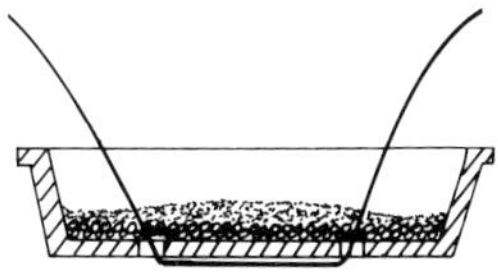

6. Lösen Sie die alte Erde vorsichtig mit einem Holzstäbchen bis auf den Grundballen von den Wurzeln ab.

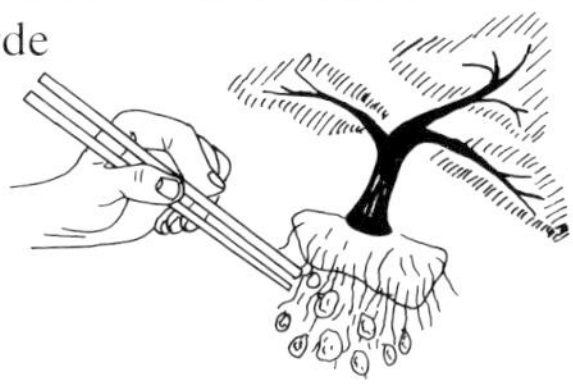

7. Jetzt schneiden Sie die Wurzeln zurück. Um 1/3 bis 1/2.

8. Setzen Sie nun Ihren Zimmer-Bonsai ein – und zwar nicht ganz in die Mitte. Achten Sie darauf, daß der Wurzelansatz über den Schalenrand schaut. Um den Wurzelansatz zu verbessern, können Sie die Wurzeln gleichmäßig nach allen Richtungen hin verteilen.

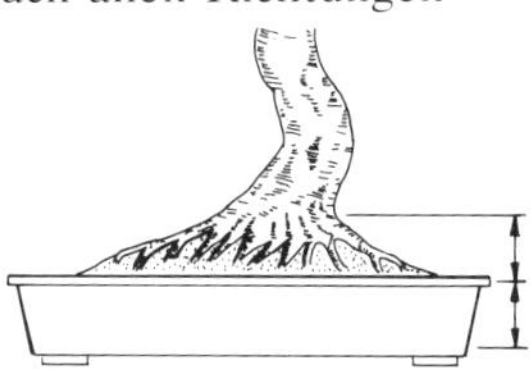

Besonders störrische Wurzeln werden dann mit einer Drahtklammer festgehalten.

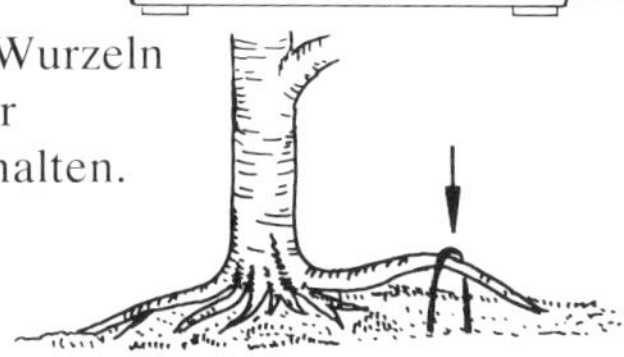

9. Falls Sie einen Draht eingezogen haben, befestigen Sie Ihr Bäumchen.

10. Geben Sie die Erde in die Schale, drücken Sie sie mit einem Stäbchen in die Räume zwischen den Wurzeln und mit den Fingern am Schalenrand entlang fest.

11. Glätten Sie den Boden mit einem kleinen Bonsai-Besen. Gestalten Sie die „Erdoberfläche", indem Sie sie zum Stamm hin ein wenig ansteigen lassen.

Nach dem Umpflanzen gießen Sie Ihren Zimmer-Bonsai sehr vorsichtig, damit die Erde nicht ausschwemmt, oder stellen die Schale bis zur Hälfte ins Wasserbad. Düngen Sie mindestens vier Wochen nicht und wässern Sie sparsamer als sonst. Denn nach dem Umpflanzen nehmen die beschnittenen Wurzeln weniger Wasser und Nahrung auf.

Wichtig beim Umpflanzen und Wurzelschneiden

Sie brauchen:
- die richtige Erdmischung – als Bonsai-Erde fertig zu kaufen oder selbst hergestellt
- eventuell Kieselsteine oder Lecaton (Körnung ca. 2–4 mm ∅)
- Plastiknetze
- eventuell Bonsai-Draht
- eine große Bonsai-Schere
- Holzstäbchen
- eventuell eine größere Schale
- einen Bonsai-Besen (nicht unbedingt).

Umgetopft wird, wenn der Baum die Erde ganz durchwurzelt hat. Vor dem Einpflanzen in neue Erde das Wurzelwerk immer um 1/3 zurückschneiden. Ältere Bonsai können oft wieder in die gleiche Schale gesetzt werden. Junge und tropische Pflanzen werden etwa alle 1–2 Jahre umgepflanzt, ältere alle 3–4. Die beste Zeit dafür ist Anfang Frühjahr. Nach dem Umpflanzen sparsamer gießen und 4 Wochen nicht düngen.

Die Gestaltung Ihrer Zimmer-Bonsai

Die Bonsai-Gestaltung kann nur durch kontrolliertes Wachstum erreicht werden. Das Bäumchen soll nicht groß, aber stämmig und kräftig werden. Seine Krone soll kompakt sein, also nicht wenige lange, sondern viele kleine Triebe entwickeln. Der Indoor sieht dann nicht nur aus wie ein gesunder, natürlicher Baum, der unter besonderen Bedingungen klein geblieben ist, sondern er ist es auch.

Um ausgewogene Proportionen zwischen Ästen und Blättern, Blüten und Früchten zu erreichen und zu erhalten, müssen die kleinen Bäumchen immer wieder geschnitten, ausgezupft und manchmal gedrahtet werden. Denn ohne jeden gestaltenden Eingriff in das Wachstum könnte die charakteristische Schönheit der Miniaturbäume nicht erreicht und erhalten werden.

Da viele Zimmer-Bonsai das ganze Jahr hindurch wachsen, werden sie meist häufiger „bearbeitet" als Bonsai, die draußen stehen.

Entscheiden Sie zunächst, in welche Form Ihr Bäumchen hineinwachsen soll. Es gibt viele verschiedene Grundformen, die auch alle in der Natur existieren. Wählen Sie die Gestalt zum Vorbild für Ihren Indoor aus, die ihm am besten entspricht. Stellen Sie ihn in Augenhöhe auf, d.h., schauen Sie nicht auf das Bäumchen hinab, sondern in das Bäumchen hinein. So können Sie die Form, die schon in ihm angelegt ist, und seine Besonderheiten am besten erkennen und auch seine Vorder- und Rückseite bestimmen.

Wenn Sie noch unsicher sind, was in Ihrem Bäumchen steckt, richten Sie sich nach den Wuchsformen seiner großen Brüder in der Natur.

Streng aufrechte Form
Äste wachsen gleichmäßig nach allen Seiten, die Vorderseite des Baumes bleibt bis zum oberen Drittel astfrei.

Frei aufrechte Form
Der Stamm wächst in Windungen, die zur Spitze hin enger werden. Äste wachsen nur an den Außenbiegungen.

Gedrehter Stamm
Der sich nach oben hin verjüngende Stamm ist in sich gedreht. Verschiedene Wuchsrichtungen sind möglich.

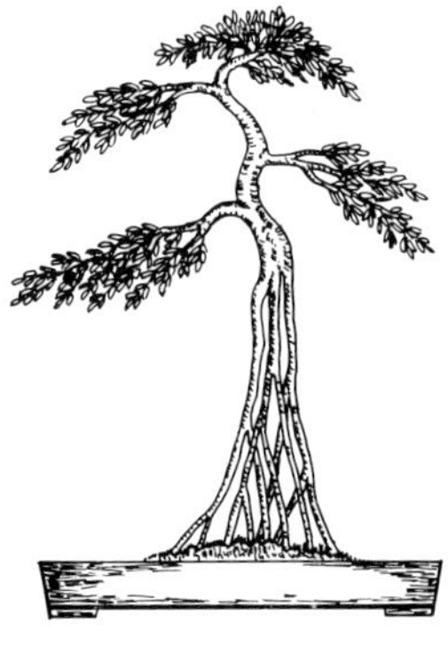

Wurzelstamm-Form
Hier bilden die Wurzeln den unteren Teil des Stammes. Mangrovenbäume mit ihren Stelzwurzeln sind das Vorbild für diese Bonsai-Form.

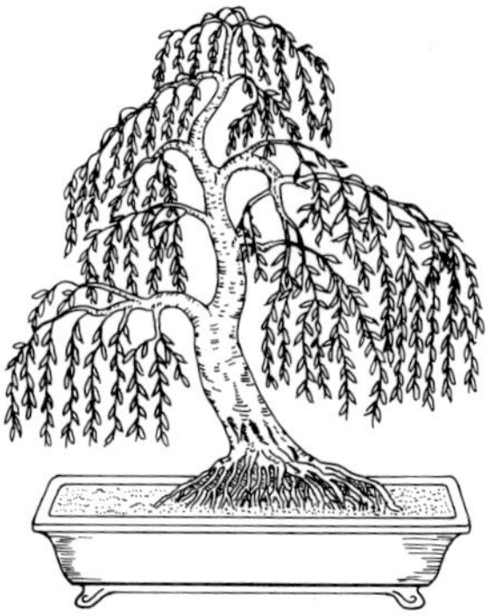

Trauerweiden-Form
Ein mehr oder weniger aufrecht wachsender Baum mit herabhängenden Ästen.

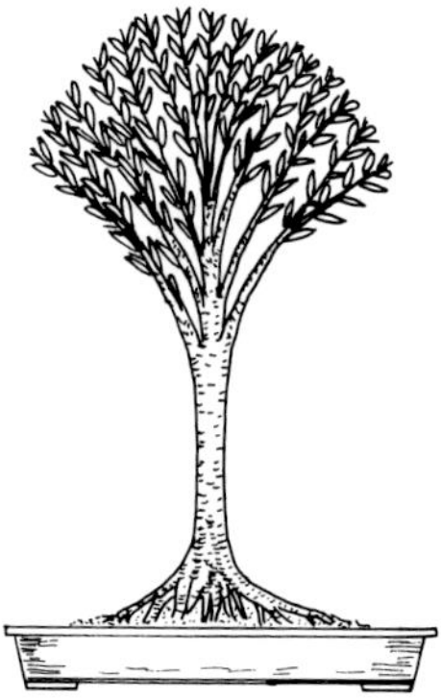

Besen-Form
An einem aufrecht wachsenden Stamm verzweigen sich Äste ab einer bestimmten Höhe rundum. Diese Form erinnert an einen Reisigbesen.

Schirm-Form
Viele tropische Bäume bilden riesige, schirmförmige, schattenspendende Baumkronen aus.

Kegel-Form
Schlanke, streng aufrecht wachsende Bäume, wie z.B. Zypressen.

Kugel-Form
Die dicht wachsenden Äste bilden an einem aufrecht wachsenden Stamm eine kugelförmige Baumkrone aus.

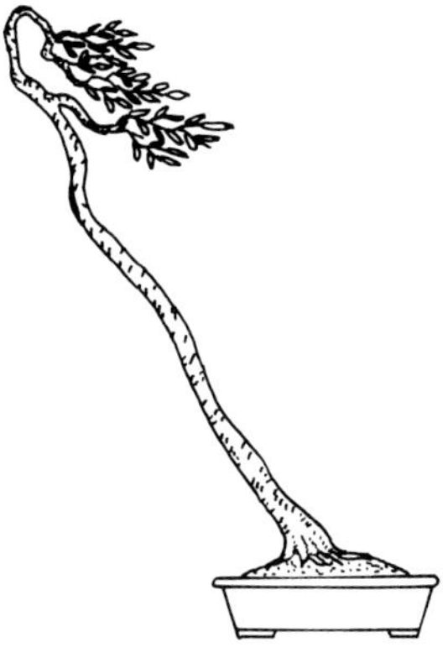

Literaten-Form
Der Stamm wächst frei aufrecht oder leicht geneigt; Äste nur im oberen Drittel.

Windgepeitschte Form
Die Äste und Zweige wachsen an dem geneigten Stamm nur in einer Richtung wie vom Wind gepeitscht.

Geneigter Stamm
Der windgepeitschten Form ähnlich, aber die Äste wachsen in alle Richtungen. Auf der Seite, zu der sich der Baum neigt, sind die Wurzeln verstärkt sichtbar.

Halbkaskade
Vorbilder in der Natur: Bäume, die über eine Felsklippe waagrecht hinausragen. Die Spitze des Bonsai befindet sich auf der Höhe des Schalenrandes oder etwas tiefer.

Kaskade
Vorbilder in der Natur: Bäume, die tief über einen Felsen herabhängen. Der Stamm und die Zweige des Bonsai neigen sich weit über den Rand einer meist hohen Schale hina

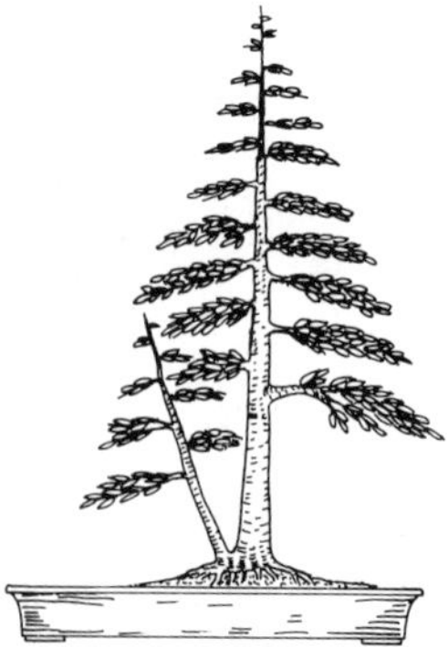

Zweierstamm
Zwei Stämme unterschiedlicher Stärke wachsen aus einer Wurzel und sind in ihrem Astaufbau harmonisch aufeinander abgestimmt.

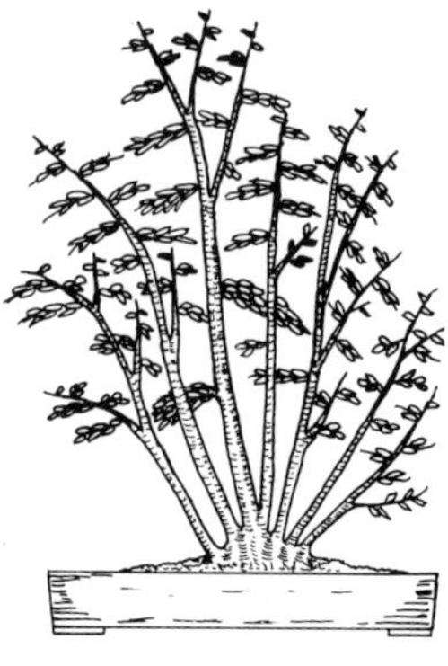

Mehrfachstamm
Mehrere Stämme wachsen aus einer Wurzel und bilden eine kleine Baumgruppe.

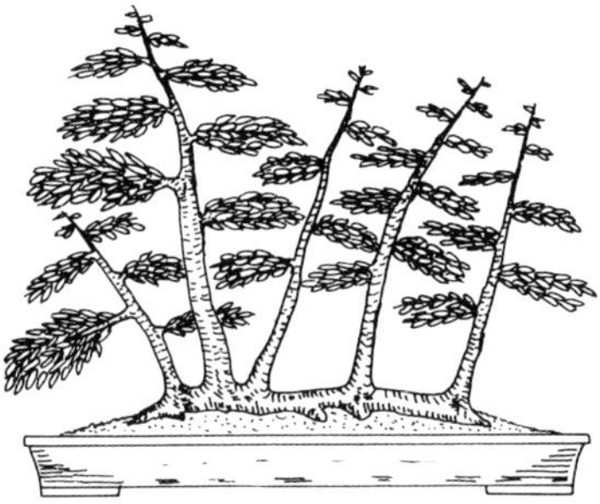

Floß-Form
Ein Stamm wird waagrecht in eine Schale gepflanzt und bildet Wurzeln aus. Die Äste wachsen nach oben und wirken wie Einzelbäume.

Wald-Form
Mehrere, in Alter, Höhe und Stammstärke unterschiedliche Bäumchen der gleichen Art werden in eine sehr flache Schale gepflanzt.

Pflanzung auf dem Felsen
Die Bäume wurzeln auf dem Fels in kleinen Mulden oder Felsspalten.

Pflanzung über den Felsen
Die Bäume senken ihre Wurzeln über den Felsen hinab in das Erdreich der Schale ein.

Das Schneiden der Äste und Zweige

Mit dem Schneiden der Äste legen Sie die Grundform Ihres Bonsai fest. Ganz gleich, welche Form Sie gewählt haben, in jedem Fall werden folgende Äste entfernt:

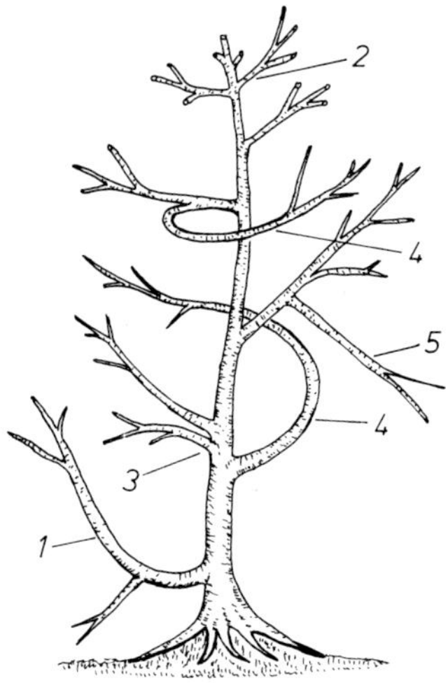

1. Äste im unteren Drittel der Vorderseite, das heißt, der Seite, von der man am besten in das Bäumchen hineinschauen kann und auf der möglichst viel von der Struktur des Stammes und der Äste zu sehen ist. Die Äste eines Bonsai sollen nie nach vorn, sondern immer nach den Seiten und nach hinten wachsen. Nur im oberen Teil der Baumkrone dürfen kleine Äste und Zweige aus gestalterischen Gründen nach vorn wachsen.

2. Einer von zwei Ästen, die sich auf der gleichen Stammhöhe gegenüberstehen.

3. Einer von zwei Ästen, die direkt übereinander wachsen.

4. Äste, die von einer Seite über den Stamm zur anderen wachsen.

5. Äste, die nach unten wachsen.

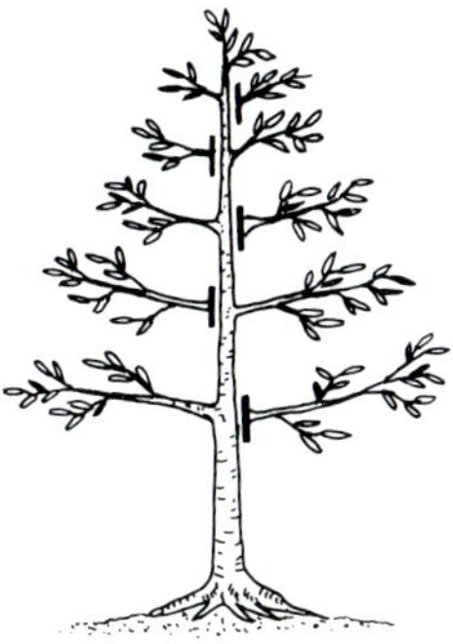

Einer von zwei gegenüberstehenden Ästen wird entfernt.

Diese Regeln sollen eine Hilfe für Sie sein – keine starren Gesetze. Sie gelten für die meisten, aber nicht für alle Baumformen.
Das Schneiden der Äste und Zweige ist die wichtigste Gestaltungsarbeit. Lassen Sie sich Zeit dafür. Betrachten Sie Ihr Bäumchen und stellen Sie sich vor, wie sich die Proportionen und das Gesamtbild verändern, indem Sie den Ast, den Sie entfernen möchten, mit der Hand abdecken.
Seien Sie nicht zaghaft! Ihr Bäumchen gewinnt an Ausdruckskraft, wenn Sie die Äste auf die wichtigsten reduzieren. Weniger ist mehr.

So schneiden Sie Äste und Zweige

Mit richtigem Werkzeug arbeiten Sie leichter.
1. Dünne Äste werden mit einer Bonsai-Schere direkt am Stamm abgeschnitten.

2. Dickere Äste schneidet man am besten mit einer Konkav- oder Knospenzange. Sie hinterläßt eine vertiefte Schnittstelle (konkav), die schnell zuheilt und nur kleine Narben hinterläßt.

3. Sehr starke Äste werden zunächst grob abgesägt. Das „Endstück" schneiden Sie am besten mit der Konkav-Zange ab. Verschließen Sie größere Schnittstellen mit Baumwachs (Lac-Balsam).

Ulmus parvifolia, Alter ca. 20 Jahre, Größe 40 cm.

Triebe und Blätter schneiden

Triebe dürfen sich nur dort entwickeln, wo ein neuer Zweig entstehen soll. Wo nicht, werden sie abgeschnitten. Um den Indoor in Form zu bringen und zu halten, werden die neuen Triebe immer wieder gekürzt. Mit dem Schneiden des Neuaustriebs erhalten Sie Ihr Bäumchen gesund und kräftig. Sie verschaffen ihm mehr Licht und Luft und erreichen eine feinere Verzweigung des Astwerks, eine Begrenzung des Längenwachstums und eine Kräftigung der Äste im unteren Bereich. Außerdem bestimmen Sie mit dem Schneiden der Triebe die Wuchsrichtung der nachwachsenden Ästchen. Und zwar so: Die Richtung des letzten – nach dem

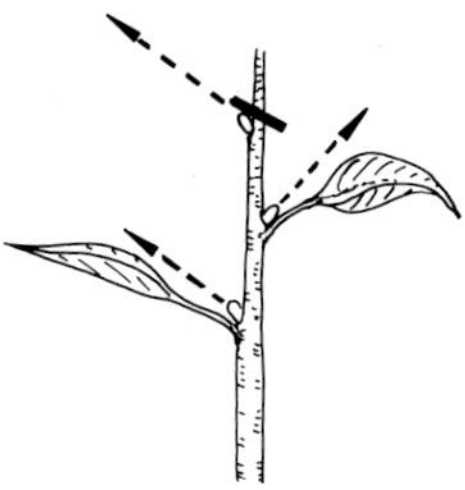

Schnitt stehengebliebenen – Blattstiels ist auch die Richtung des nachwachsenden Triebes. Diese Methode, Bonsai durch Schneiden – ohne weitere Hilfsmittel – zu gestalten, nennen die Fachleute „cut and grow" (Schneiden und Wachsenlassen).

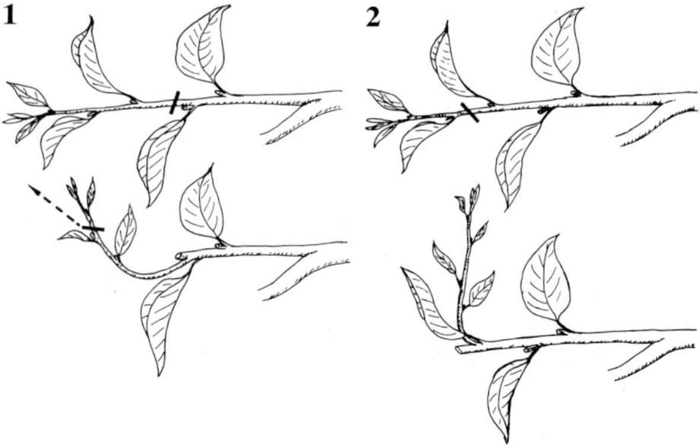

Beim Schneiden waagrecht wachsender Äste Wuchsrichtung des Neuaustriebes beachten. Vor- und nach dem Astschnitt: 1 = richtig; 2 = falsch.

Da viele Indoors tropischer Herkunft das ganze Jahr über wachsen, können ihre Triebe immer geschnitten oder ausgezupft werden. Andere, vor allem die subtropischen Bonsai-Arten, haben ihre Hauptwachstumszeit von Frühjahr bis Herbst und müssen daher nur in dieser Zeit zurückgeschnitten werden. Ausgenommen sind die subtropischen Indoors, die wärmer überwintern und auch in dieser Zeit wachsen. Bäumchen, die blühen, sollen natürlich erst nach der Blüte zurückgeschnitten werden.

Blätter werden seltener geschnitten als Triebe. Einzelne, zu groß geratene Blätter werden während der Wachstumszeit immer wieder entfernt. Alle Blätter, wenn, dann nur einmal im Jahr zwischen März und August. Der Blattschnitt kann drei Ziele haben:

1. Eine feine Verästelung. Sie entsteht, da aus dem Auge am Blattansatz nach dem Schnitt ein neuer Trieb wächst.

2. Die Verkleinerung der – meist proportional zu großen – Blätter. Dadurch gewinnt die Pflanze an Schönheit und Harmonie.

3. Das Auslichten der Krone. Es ist auch wichtig, um den inneren Zweigen wieder Luft und Licht zu verschaffen, ohne die sie langsam absterben würden.

Um Ihr Bäumchen nicht zu sehr zu strapazieren, schneiden Sie nicht alle Blätter auf einmal, sondern entfernen zunächst die größeren und nach 7–14 Tagen die anderen. Lassen Sie, wenn möglich, die Stiele stehen. Das schont Ihr Bäumchen, denn die Knospe (das „schlafende Auge") im Winkel zwischen Ästchen und Blattstiel bleibt unverletzt. Denken Sie daran: Nach dem Blattschnitt braucht Ihr Bäumchen weniger Wasser, denn es verdunstet nun auch weniger.

Und so werden Triebe und Blätter geschnitten:

Neue Triebe in der Regel bis auf 1–3 Blattpaare oder 1–3 Blätter abschneiden, wenn sich 4–6 Blattpaare oder 4–6 Blätter entwickelt haben oder die Triebknospen immer wieder abzupfen.

Triebknospen abzupfen.

Vor und nach dem Schneiden der Triebe: bei gegenständigen Blättern

und bei wechselständigen Blättern.

Blätter so abschneiden, daß möglichst ein Stück des Stiels stehen bleibt.
Genauere Angaben finden Sie in den Beschreibungen der einzelnen Pflanzen Seite 30–84.

Vor und nach dem Blattschnitt.

Verdicken von Stamm und Ästen

Wenn der untere Teil des Stammes Ihres Indoors in der Relation zur Krone zu dünn ist, dann lassen Sie die unteren Äste, die Sie eigentlich ausschneiden würden, stehen. Der Nährstoffaustausch und damit das Wachstum des Stammes wird durch die Äste beschleunigt. Nach etwa einem Jahr hat der Stamm die gewünschte Dicke erreicht. Entsprechend können Sie zu dünne Äste und Zweige verdicken, indem Sie alle Triebe und Blätter vorübergehend stehen lassen. Denn je mehr Blätter ein Ast trägt, desto mehr Nahrung nimmt er auf und desto schneller nimmt er an Umfang zu. Wenn ein Ast zu dick geraten ist, entfernen Sie 1–2 mal pro Jahr an diesem Ast alle Blätter und verzichten bei den übrigen Ästen auf den Blattschnitt.

Damit der Ast dicker wird, werden die Zweige nicht beschnitten.

Luftwurzeln schneiden

Luftwurzeln sind ein Typikum vieler tropischer Pflanzen, z.B. des Ficus und der Schefflera. Sie verleihen Ihrem Zimmer-Bonsai ein exotisches Aussehen. Viele Indoor-Freunde betrachten die langen Wurzeln als ein wesentliches Gestaltungselement und führen sie am Stamm oder an den Ästen entlang nach unten.

Schefflera arboricola aus der Sammlung David Fukumoto, Hawaii. Die Luftwurzeln unterstreichen den exotischen Eindruck.

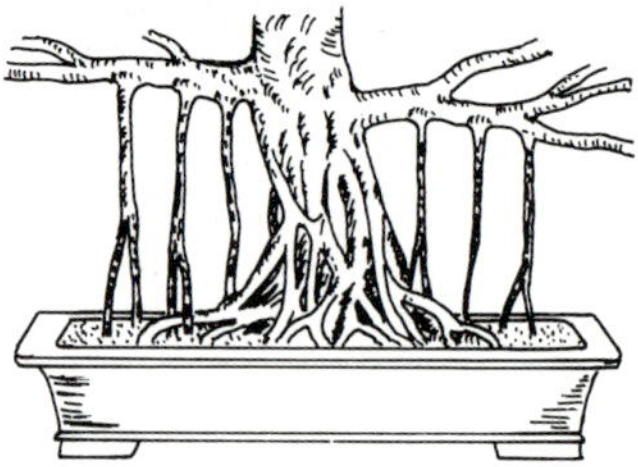

So werden die Luftwurzeln parallel zum Stamm nach unten in die Erde geführt.

Lassen Sie die Wurzeln ruhig in die Erde hineinwachsen. Dadurch sorgen Sie für eine zusätzliche Ernährung Ihres Bäumchens.

Es schadet Ihrem Zimmer-Bonsai nicht, wenn Sie seine Luftwurzeln abschneiden. Aber schneiden Sie nur diejenigen, die optisch stören.

Wichtig beim Schneiden

Sie brauchen:
Eine kräftige Bonsai-Schere für Zweige und Luftwurzeln. Das kann die gleiche Schere sein, mit der Sie auch die Wurzeln beschneiden.

Eine schmale Bonsai-Schere zum Beschneiden der Triebe.

Einen Blatt-Schneider.

Eine Zange für den konkaven Schnitt.

Eine Bonsai-Säge für sehr dicke Äste.

Baumwachs.

Neue Triebe werden immer wieder zurückgeschnitten, um das Bäumchen in Form zu bringen. Äste und Triebe können das ganze Jahr über geschnitten werden. Blütenbäumchen erst nach der Blüte! Blätter werden – wenn überhaupt – einmal im Jahr abgezupft oder abgeschnitten. Möglichst nicht alle auf einmal. Luftwurzeln nur dann zurückschneiden, wenn sie das exotische Aussehen der tropischen Pflanze stören.

Drahten

Bei vielen Indoors genügt die alte chinesische Bonsai-Weisheit „Wachsen lassen – Zurückschneiden", um die gewünschte Baumform zu erreichen. Manche müssen zusätzlich gedrahtet werden.

Drahten ist neben dem Schneiden die wichtigste Gestaltungstechnik in der Bonsai-Kunst. Mit Drahten gelingt es Ihnen am schnellsten, Ihre Bäumchen in Form zu bringen, denn Draht macht Äste und Zweige biegsam und hält sie so lange in der von Ihnen vorgegebenen Richtung fest, bis sich der Stamm und die Äste an diese Richtung gewöhnt haben.

Alle neuen Triebe wachsen immer dem Licht entgegen, meist nach oben. Durch Drahten können Sie diese natürliche Wuchsrichtung behutsam korrigieren.

Für die Technik des Drahtens brauchen Sie nicht nur Geduld, sondern auch Geschick und einige Übung. Stehen Sie erst am Anfang Ihrer „Bonsai-Karriere", wählen Sie Pflanzen aus, die keine grundsätzliche Formveränderung brauchen. Üben Sie das Drahten mit kleinen Richtungskorrekturen an Ästen und Zweigen, bevor Sie sich an größere Eingriffe wagen. Später können Sie dem ganzen Bäumchen eine neue Krümmung geben oder es optisch älter machen, indem Sie seine Äste nach unten biegen.

Kleine Korrekturen sind während der Wachstumsphase immer möglich – bei den meisten Indoors also das ganze Jahr über. Grundsätzlich werden die neuen Triebe erst dann gedrahtet, wenn sie ausgereift, d.h. leicht verhärtet sind. Der Gärtner sagt „verholzt" dazu. Größere Formveränderungen werden besser nicht in der Hauptwachstumszeit vorgenommen.

Der Draht sollte nicht in den Stamm und die Äste einwachsen. Bei schnell wachsenden Indoors wie z.B. Ficusarten kann das schon nach 3–4 Wochen geschehen. Deshalb eher locker als fest drahten, denn die Rinde vieler Zimmer-Bonsai ist empfindlich und kann leicht verletzt werden. Kontrollieren Sie die umwickelten Stellen öfter und lösen Sie den Draht lieber zu früh, auch wenn die neue Form noch nicht ganz erreicht ist. Es schadet Ihrem Bäumchen nicht, wenn Sie zwei- oder dreimal direkt hintereinander drahten, aber es würde ihm sehr schaden, wenn Sie die eingewachsenen Drähte gewaltsam entfernen würden. Ist einmal trotz aller Vorsicht ein Stück Draht in die Rinde eingewachsen, entfernen Sie nur die nicht verwachsenen Drahtstücke mit einer Drahtschere und belassen Sie die verwachsenen im Baum. Es gibt viele schöne, alte und gesunde Bonsai, die unbeschadet mit eingewachsenem Draht leben.

Gibt es beim Biegen des umwickelten Astes einen kleinen Spalt oder Riß, verschließen Sie ihn sofort mit Baumwachs; ist er größer, umwickeln Sie ihn mit Bast.

Sie können durch das Drahten nur weniger Äste erreichen, daß sich alle Äste gleichmäßiger entwickeln. Denn der Abstand zwischen ihnen wird größer und ermöglicht auch den inneren Ästen mehr Luft und Licht. Drahten hemmt nicht das Wachstum Ihrer Bonsai – mit einer Ausnahme: Wenn Sie einen Ast nach unten biegen, wird er sich etwas langsamer entwickeln.

So wird gedrahtet:

1. Für den Stamm nehmen Sie einen dickeren, für Äste und Zweige einen entsprechend dünneren Draht. Verwenden Sie eloxierten Aluminium- oder Kupferdraht.

2. Der Drahtanfang wird an der Rückseite des Bäumchens vom Stammansatz schräg bis zum Boden der Schale in die Erde gesteckt.

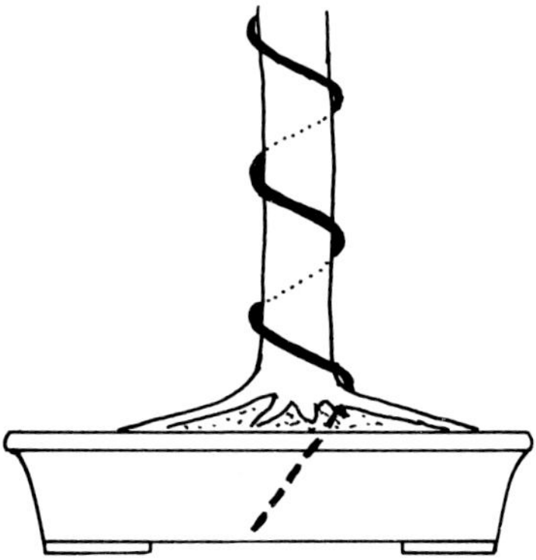

3. Auch wenn Sie nur einen einzigen Ast drahten möchten, umwickeln Sie immer auch den gegenüberliegenden mit, um dem Draht Halt zu geben. Beginnen Sie in der Mitte – also am verbindenden Ast oder Stamm.

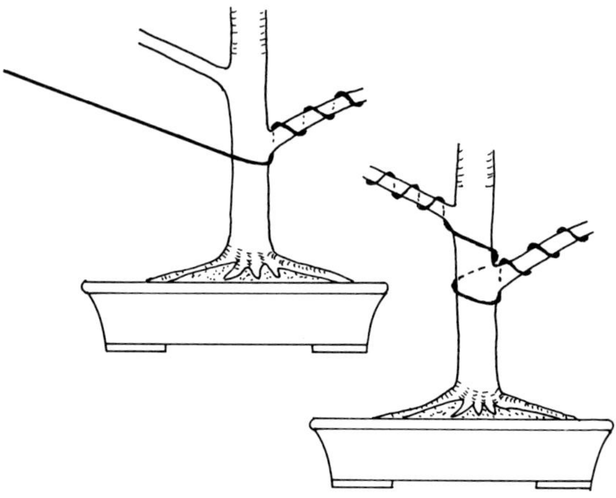

4. Stamm, Äste und Zweige werden grundsätzlich in Wuchsrichtung, also von unten nach oben spiralförmig umwickelt. Der Abstand der Windungen sollte immer gleich sein. Der Draht soll den Ast eher locker umschließen. Das genügt meistens schon, um den Ast in Form zu halten.

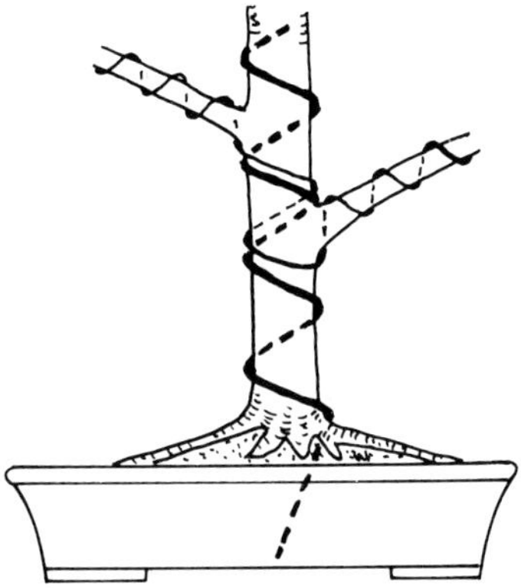

5. Keine Blätter mit einwickeln.

1

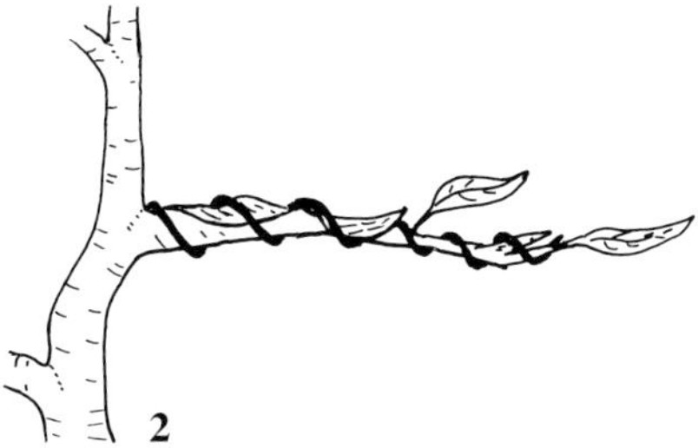
2

Keine Blätter eindrahten!
1 = richtig.
2 = falsch.

6. Vor dem Drahten Äste, die nach unten wachsen, entfernen.

7. Zum Schluß werden die gedrahteten Äste vorsichtig in Form gebogen.

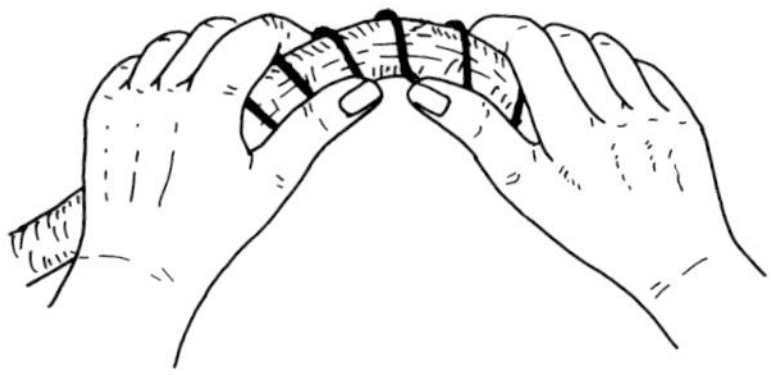

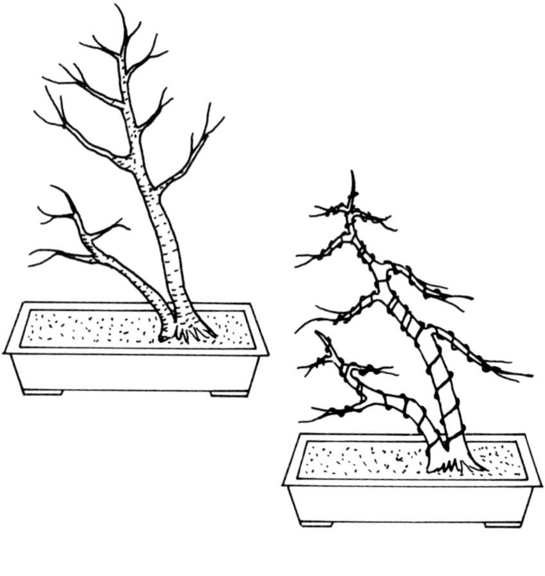

Bäumchen vor und nach dem Drahten.

Wichtig beim Drahten

Drahten will gelernt sein. Fangen Sie mit kleinen Korrekturen an.

Sie brauchen:
Bonsai-Draht (eloxierter Aluminium- oder Kupferdraht) in verschiedenen Stärken und eine Drahtschere.

1. Wickeln Sie gleichmäßig und spiralförmig in Wuchsrichtung des zu drahtenden Astes.

2. Wickeln Sie nicht zu fest. Indoors haben oft eine empfindliche Rinde.

3. Der Draht sollte nicht einwachsen. Das kann schon nach 4–6 Wochen passieren. Lösen Sie ihn lieber zu früh als zu spät. Mehrere Male hintereinander drahten schadet nicht.

Nach dem Drahten braucht Ihr Zimmer-Bonsai Erholung. Stellen Sie ihn nicht direkt in die Sonne. Übersprühen Sie ihn öfters und topfen Sie ihn jetzt nicht um.

Formen, ohne zu drahten

Um einen Ast nach unten oder oben zu biegen oder um zwei Äste einander anzunähern, gibt es neben dem Drahten noch andere Möglichkeiten. Sie brauchen ein bißchen mehr Zeit, lassen dem Zufall mehr Raum und sind sehr reizvoll. Die folgenden Beispiele sollen dazu anregen, die Gestalt Ihres Bäumchens mit Schnüren, Drähten und anderen Hilfsmitteln zu verändern.

Achten Sie darauf, daß Sie auch hier schonend mit Ihrem Zimmer-Bonsai umgehen. Polstern Sie die Stellen, an denen ein Draht oder eine Schnur befestigt wird, mit einem Stückchen Gummi oder einem PVC-Stück.

Ein Ast soll nach unten gezogen werden.

1. Den Ast mit einem Stein beschweren und so nach unten ziehen.

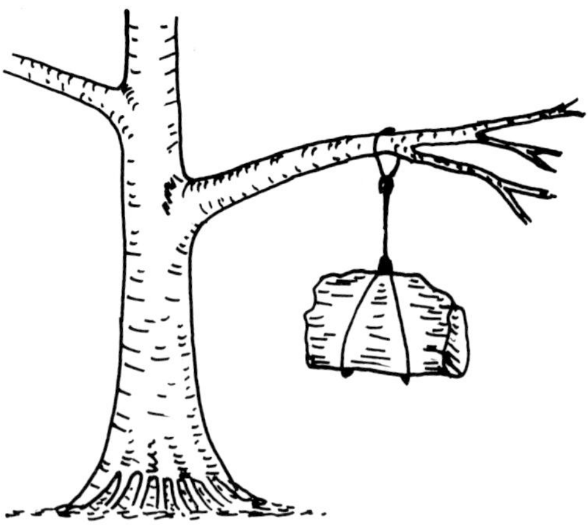

2. Den Ast mit einer Schnur oder Draht zum Stamm hinbinden.

3. An der Schale Drähte befestigen. Sie dienen als Halterung für einzelne Schnüre, mit denen der Ast (oder auch mehrere) nach unten gebogen wird.

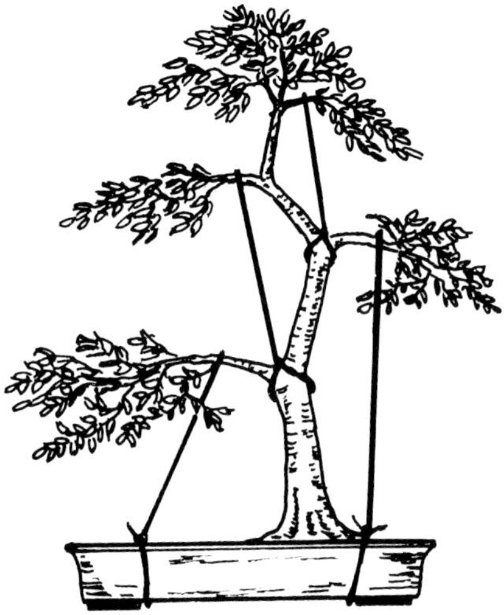

Äste sollen eine neue Richtung erhalten.

1. Die Äste werden durch ein Brettchen auseinandergebogen.

2. Die Äste werden zueinander gebogen und aneinander festgebunden.

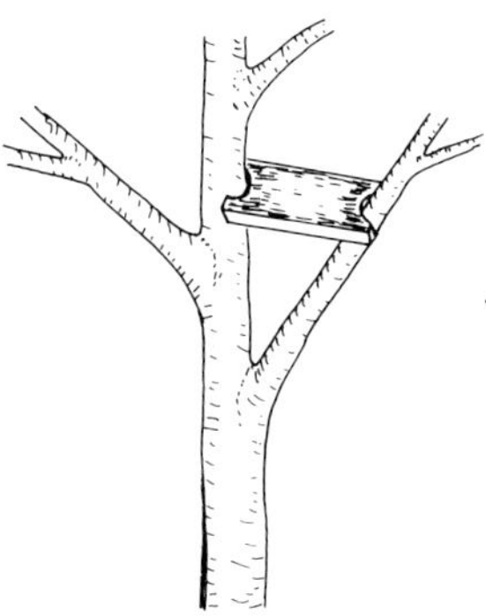

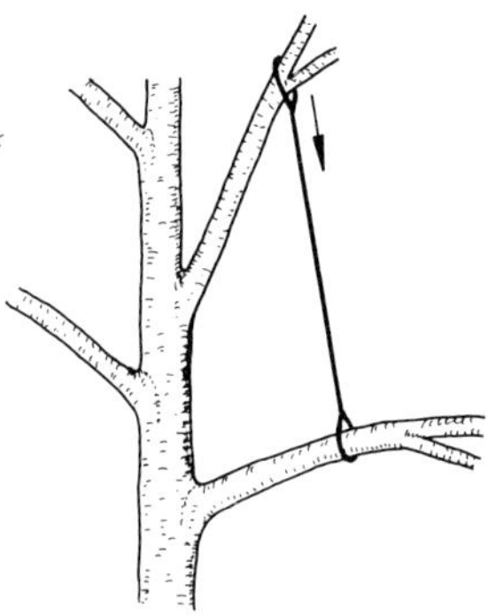

Die passende Schale

Das Pflanzgefäß ist für einen Bonsai ungefähr so wichtig wie der Rahmen für ein Bild. Es wird deshalb sorgfältig in Größe, Form und Farbe auf den Baum abgestimmt.

Meist sind es flache Schalen in zurückhaltenden Farben, die den Baum zur Geltung kommen lassen. Oft bilden sie in Form und Farbe ein Gegengewicht zur Pflanze.

Alte, wertvolle Bonsai-Schalen aus China.

Die Kunst der handgefertigten Keramikschalen hat in China und Japan – wie die Bonsai-Kunst – eine jahrhundertealte Tradition. Auch in Europa gibt es heute schon wertvolle Sammlungen alter und kostbarer Bonsai-Schalen aus diesen Ländern.

Einige Beispiele für Schalen, die Sie im Handel kaufen können.

Im Bonsai-Handel finden Sie eine unendliche Vielfalt: glasierte und unglasierte, hohe und flache, runde, ovale und eckige Schalen, immer mit den – für alle Bonsai wichtigen – großen Abzugslöchern. Je mehr kostbare Bonsai Sie sich ansehen, desto sicherer wird Ihr Urteil, welche Schale zu Ihrem Indoor paßt. Aber es gibt auch Faustregeln, an die sich selbst erfahrene Bonsai-Kultivateure halten:

Die Höhe der Schale soll nicht geringer als die Dicke des Stammes sein. Die Länge der Schale kann einem Drittel der Baumhöhe entsprechen. Wenn Sie eine zu kleine Schale wählen, wirkt Ihr Baum beengt und hat auch zu wenig Halt. Eine zu große Schale nimmt Ihrem Bäumchen die Wirkung. Es scheint dann in der Schale zu ertrinken.

Zu kleine, zu große und passende Schale.

Gardenia jasminoides – ca. 35 Jahre alt, 55 cm hoch. Aus der Sammlung Takeyama, Japan.

Blühende Pflanzenarten und solche mit Blättern von lichtem Grün harmonieren mit hellfarbigen und glasierten Schalen. Dunkles Laub findet seine Entsprechung in einem dunklen Rot-, Grau- oder Braunton des Pflanzgefäßes.

Ficus retusa mit runden Blättern – ca. 20 Jahre alt, 50 cm groß. Aus der Sammlung Pin Kewpaisal, Thailand.

Aufrecht wachsende Baumformen sind besonders reizvoll in flachen Schalen. Für hängende Formen eignen sich als Gegengewicht tiefe Schalen.

Glasierte und unglasierte Schalen sind für das Bonsai-Wachstum gleich gut geeignet. Allerdings sollte die Glasur niemals innen sein.

Besonderheiten der Indoor-Gestaltung

Der kleine Wald im Zimmer

Jeder Indoor-Freund faßt eines Tages den Entschluß, sich die exotische Wirkung eines tropischen Regenwaldes ins Haus zu holen. Diese reizvolle Besonderheit der Bonsai-Kultur ist mit ein wenig Geschick und dem Sinn für Proportionen einfach zu verwirklichen und erfordert ausnahmsweise keine Geduld. Denn der Wald ist fertig, wenn Sie ihn gepflanzt haben. Sie brauchen nicht jahrelang auf seine Vollendung zu warten. Natürlich können Sie nachträglich jedes einzelne Bäumchen verschönern, einzelne Indoors umpflanzen oder auswechseln.

Indoor-Wald aus Ficus benjamina. Alter ca. 3–10 Jahre, Größe 35 cm. Gestaltet von Henry Lorenz, Deutschland.

Das Pflanz-Gefäß für Ihren Indoor-Wald ist sehr flach und oval oder rechteckig. Ein Richtwert für die Größe ist: 40 x 30 x 4 cm.

In Japan wurden von Bonsai-Spezialisten verschiedene Bepflanzungsmuster entwickelt, und jeder Künstler hat hier seine eigenen Prinzipien. Aber wenn Sie ein paar Grundregeln beachten, können Sie auch als Anfänger ohne große Mühe schöne, stimmungsvolle Wäldchen pflanzen.

5 Bäumchen sollten es mindestens sein. 7 oder 9 und mehr sind schöner. Die ungerade Zahl ist wichtig, wenn der Wald aus wenigen Bäumen besteht. Sie werden dann in zwei Gruppen angeordnet, von denen eine ein bißchen größer und höher sein soll.

Pflanzen Sie Ihren Bonsai-Wald aus jungen Pflanzen (2- bis 6jährigen). Er wird dadurch preiswerter, und Sie können seine Entwicklung miterleben. Gestalten Sie den kleinen Wald noch interessanter und naturgetreuer, indem Sie kleine Farne und andere Unterpflanzungen hinzufügen.

Pflanzen Sie keinen Mischwald – also keine verschiedenen Baumarten auf ein Tablett. Das wäre zwar sehr reizvoll, aber die unterschiedlichen Lebensbedingungen und Bedürfnisse der Bäumchen würden Ihnen die Pflege sehr erschweren. Wählen Sie also immer Pflanzen der gleichen Art aus, die unterschiedlich groß, stark und alt sind. Wählen Sie als Hauptbaum den stärksten und größten aus. Er ist der wichtigste Baum der Pflanzung und wird als erster in die Schale gesetzt. Setzen Sie ihn nicht ganz in die Mitte, sondern leicht versetzt. Um den Hauptbaum werden die anderen Bäume einzeln oder in Gruppen angeordnet. Indoors, die an einer Seite besonders gut entwickelte Äste haben, kommen nach außen, kleinere Pflanzen nach hinten; so gewinnt Ihr Wäldchen an Tiefe.

Ein besonders beliebter Indoor-Wald ist der exotische Gummibaum-Wald (Ficus benjamina). Wir nehmen ihn als Beispiel, um Ihnen die Phasen der Entstehung zu zeigen. Nach diesem einfachen Muster wird es Ihnen nicht schwerfallen, phantasievolle (auch größere) Wäldchen nach Ihren eigenen Vorstellungen zu gestalten.

Für das Einpflanzen gilt, was Sie beim Umpflanzen einzelner Bäume schon geübt haben.

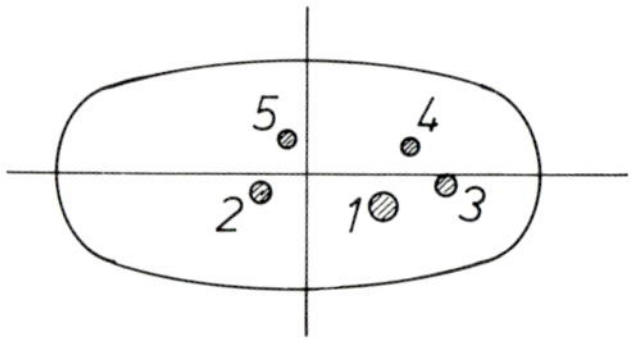

Zeichnen Sie Ihr Wäldchen – wie Sie es sich vorstellen – auf, wobei Sie die Grundregeln beachten, die schon beschrieben wurden.

Legen Sie alles, was Sie brauchen, bereit. Nehmen Sie die Bäumchen aus ihren Töpfen, schneiden Sie alle überflüssigen Äste und auch die größten Blätter ab; dann entfernen Sie die Erde bis zum Grundballen. Jetzt werden die Wurzeln um ca. 1/3 gekürzt und die Pflanzen der Größe nach sortiert.

Als erstes wird der Hauptbaum (1) gepflanzt, etwas außerhalb der Mitte. Er ist der dickste und größte. Das nächst kleinere Bäumchen (2) wird – links vom Hauptbaum – leicht nach hinten versetzt. Damit haben Sie bei dieser Pflanzung die Vorder- und Rückseite festgelegt.

Nr. 3 wird rechts vom Hauptbaum – leicht nach hinten versetzt – plaziert. Der Abstand zwischen ihm und dem Hauptbaum ist kleiner als der zwischen Hauptbaum und der Nr. 2.

Das 4. Bäumchen wird zwischen Hauptbaum und Nr. 3 – nach hinten versetzt – gepflanzt.

Ihr 5. und letzter Baum wird rechts hinter dem Baum Nr. 2 plaziert. Dann wird mit Erde aufgefüllt und kräftig angegossen.

Windgepeitschter Serissa-Wald. Alter ca. 25 Jahre, Größe 35 cm.

Sie können dieses Pflanzenbeispiel genauso auf geneigte Indoors übertragen und nach dem gleichen Muster oder ähnlich auch einen windgepeitschten Wald gestalten. Wichtig ist dabei nur, daß sich alle Bäume – wie in der Natur – in die gleiche Richtung neigen.

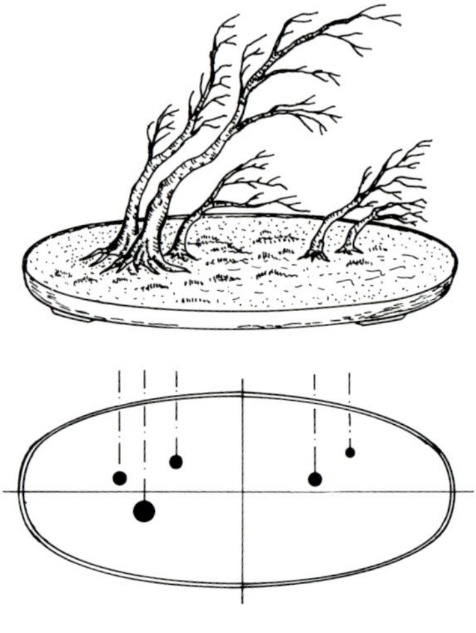

Skizze und Pflanz-Vorlage für einen windgepeitschten Indoor-Wald.

Ulmen-Wäldchen aus der Sammlung Yin Chin Chang, Taiwan. Alter ca. 100 Jahre, Größe 51 cm.

Die Pflege Ihres Indoor-Wäldchens

Das Bonsai-Wäldchen wird genauso gepflegt wie einzelne Indoors der gleichen Art. Es wächst zu einer Einheit zusammen – auch im Wurzelbereich.

Der Wald wird nach 2 Jahren umgetopft. Bis dahin haben die Bäumchen einen gemeinsamen Wurzelballen entwickelt, und Sie können den Wald als Ganzes aus der Schale heben und umpflanzen. Wurzelschnitt nicht vergessen.

Wichtig für die Gestaltung eines Indoor-Waldes

Meistens zwei Gruppen.
Unterschiedliche Abstände zwischen den Bäumen.
Der Hauptbaum etwas außerhalb der Mitte.
Kein Baum soll einen anderen verdecken.
Einseitig entwickelte Indoors nach außen.
Wählen Sie mindestens 5, 7 oder 9 Bäumchen der gleichen Art, aber unterschiedlich in Größe, Stärke und Alter aus (2–6 Jahre)
Richtgröße für die Schale: 40 x 30 x 4 cm.

Die Felsen-Pflanzung

Es gibt zwei Grundformen, von denen eine besonders gut für Indoors geeignet ist: Die Pflanzung über den Felsen. Das Bäumchen sitzt fest auf dem Felsen und senkt seine Wurzeln über ihn hinweg in die Erde.

Die langen Wurzeln dieser Carmona microphylla wurden hier nicht über einen Stein, sondern über eine alte Wurzel gezogen.
Alter ca. 18 Jahre, Größe 30 cm.

Geeignet für diese bizarre und interessante Felsen-Gestaltung sind Pflanzen mit langen, kräftigen Wurzeln. Zum Beispiel viele Ficus-Arten, Schefflera, Carmona. Sowohl fertige Bonsai als auch gesammelte oder gekaufte Zimmerpflanzen lassen sich für eine Felsen-Pflanzung verwenden.

Ganz einfach ist es, wenn Sie eine Pflanze finden, deren Wurzeln so lang sind, daß sie über den Stein geführt werden können und die Erde in der Schale erreichen. Aber das ist ziemlich selten. Die meisten Bäumchen müssen für die Pflanzung über den Felsen vorbereitet werden, und das kann einige Monate dauern.

Die Vorbereitung

Um das Wurzelwachstum anzuregen, wird das Bäumchen in einen Plastikeimer oder einen festen Plastiksack gepflanzt. Das Pflanzgefäß soll mindestens so hoch wie der Felsen sein, den Sie ausgewählt haben. Die richtige Erdmischung für das Wurzel-Wachsen ist ein Torf-Sand-Gemisch im Verhältnis 50:50 oder fertige Bonsai-Erde. Vergessen Sie nicht: Auch der Eimer oder Plastiksack muß Drainagelöcher haben.

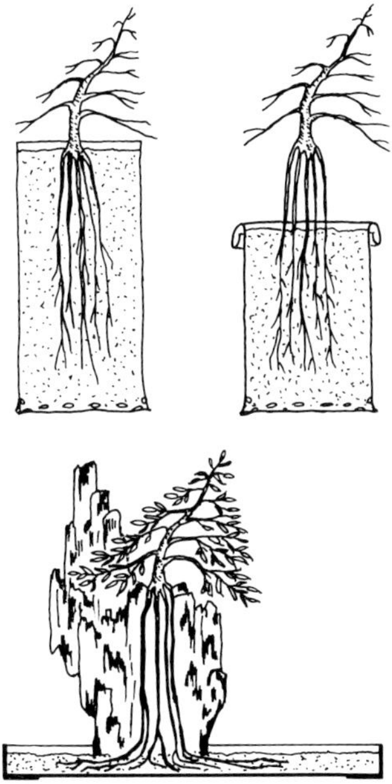

Das Pflanzgefäß wird immer niedriger – ein immer größerer Teil der Wurzeln frei.

Alle 6 bis 8 Wochen verkürzen Sie das Pflanzgefäß um ein paar Zentimeter. Dadurch wird ein immer größerer Teil der Wurzeln frei. Schneiden Sie Streifen für Streifen des Plastikeimers ab oder wickeln Sie den Sack langsam nach unten und reduzieren Sie die Erde jeweils bis unter den Gießrand. Die noch eingegrabenen Teile der Wurzeln wachsen dann wieder schneller und kräftiger nach unten weiter. Auf diese Art können Sie auch die Wurzelstammform gestalten.

Ist Ihr Pflanzgefäß auf ungefähr 5 bis 8 cm geschrumpft und der größte Teil der Wurzeln freigelegt, ist das Bäumchen „reif" zum Umpflanzen.

Viele Indoor-Freunde beziehen ihren Felsen bereits in das Wurzelwachstum ein. Sie „pflanzen" ihn von Anfang an mit dem Bäumchen ein und geben den Wurzeln so eine Richtung.

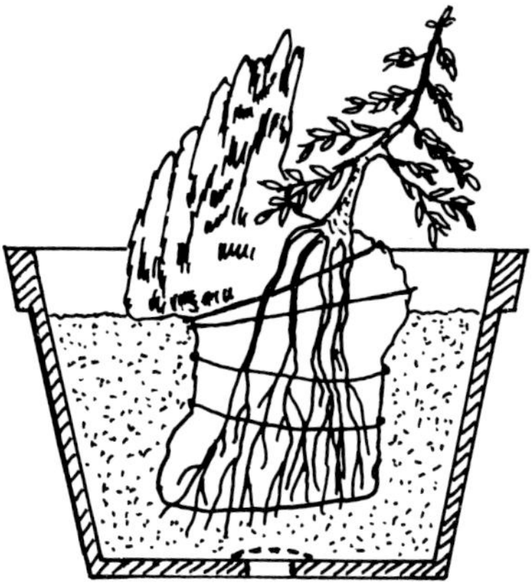

Damit die Wurzeln von Anfang an über den Felsen wachsen, wird dieser mit dem Bäumchen eingepflanzt.

Der Felsen

Der optische Reiz einer Felsen-Pflanzung wird natürlich vom Stein geprägt, den Sie auswählen. Schöne und bizarre Findlinge finden Sie auf Ihrem Spaziergang, wenn Sie etwas Geduld haben und ein bißchen suchen.

Die Größe des Steins und seine Relation zur Pflanze bestimmen das Bild. Möchten Sie den Eindruck der Ferne erreichen, pflanzen Sie ein kleines Bäumchen über einen relativ großen Stein.

Kleine Bäumchen, großer Felsen – so entsteht der Eindruck der Ferne.

Große Bäumchen, kleiner Felsen – die Pflanzung erscheint zum Greifen nah.

Lassen Sie Ihrer Phantasie freien Lauf. Denken Sie daran: In der Natur ist fast alles möglich, jede Form und jede Proportion.

Und so pflanzen Sie Ihr vorbereitetes Bäumchen über den Felsen:

Ficus benjamina 'Starlight' und die Zutaten für eine Pflanzung.

Nehmen Sie es vorsichtig aus dem Pflanzgefäß und lösen Sie mit einem Holzstäbchen die Erde von den Wurzeln.

Oder: Waschen Sie die Wurzeln in Wasser aus.

Zu dicke oder unschöne Wurzeln können entfernt werden. Sonst wird an den Wurzeln nichts geschnitten.

Setzen Sie die Pflanze auf den Felsen und verteilen Sie die Wurzeln dekorativ und gleichmäßig nach allen Seiten.

Binden Sie den Stein mit dem vorbereiteten Draht fest und pflanzen Sie den Stein so tief ein, daß die fein verzweigten Faserwurzeln mit Erde bedeckt sind.

Das Bäumchen wird aufgesetzt, die Wurzeln gleichmäßig verteilt.

Der Felsen ist mit Draht befestigt, die Wurzeln mit Erde bedeckt.

Sehr exotisch und interessant wirken Fels-Pflanzungen mit tropischen Bäumchen, deren Luftwurzeln außen am Felsen entlang nach unten in die Erde wachsen. Wurzeln und Luftwurzeln zusammen geben dem Ganzen einen ungewöhnlichen Reiz.

Nach der Pflanzung braucht Ihr „Felsen-Bonsai" Erholung. Er soll nicht in der prallen Sonne stehen und will oft übersprüht werden. Nach 8 Wochen können Sie zum ersten Mal düngen. Von da an pflegen Sie Ihren Felsen wie jeden Indoor: Sie gießen und düngen in die Erde und brausen ihn von Zeit zu Zeit ab. Bei diesen Felsenpflanzungen bilden Pflanze und Stein eine Einheit und werden immer zusammen umgetopft.

Sageretia und Carmona auf Schiefergestein gepflanzt.

Und so pflanzen Sie Ihre Bäumchen auf den Felsen:

Die zweite Grundform der Felsen-Gestaltung ist die Pflanzung auf dem Felsen. Hier haben die Bäumchen keine Berührung mit der Erde in der Schale. Der Felsen kann daher auf ein Tablett mit Wasser oder Sand gestellt werden, um die Illusion einer Insel oder eines Gebirges zu unterstützen.

Die Bäumchen wachsen in Vertiefungen und Felsspalten. Deshalb ist es für diese Pflanzung wichtig, Felsen mit ausgeprägten Mulden zu finden. Nachdem Sie die Vertiefungen mit einer 1–2 cm tiefen Schicht aus Torf- und Lehmknete (50:50) und etwas Wasser ausgestrichen haben, können Sie die

Pflanzen einsetzen. Befestigen Sie sie mit Draht, den Sie mit Zwei-Komponenten-Kleber am Felsen anbringen. Bedecken Sie das Wurzelwerk reichlich mit der gleichen Knete. Wurzeln, die nicht in die Mulde passen, werden daneben am Felsen entlang verteilt, wenig abgeschnitten und auch mit Erde zugeschmiert. Die Unterpflanzungen, die Sie nun in diese Lehm-Torf-Mischung vorsichtig eindrücken und mit u-förmigen Klammern feststecken, müssen die Eigenschaften haben, schnell diese Erdoberfläche zu bewachsen, um das Ausspülen des Erdreiches beim Gießen zu verhindern. Da sich Moos nur im Freien entwickelt und hält, verwenden Bonsai-Freunde immergrüne Kriechpflanzen, z.B. Bubikopf (Soleirolia), Kanonier-Blume (Pilea microphylla), flach wachsende Moos-Farne (Selaginella) oder Korallen-Moos (Nertera).

Immergrüne Pflanzen, die im Zimmer gedeihen und daher als Unterpflanzung für Indoors geeignet sind.

Die Unterpflanzungen sollen immer niedrig bleiben. Schneiden Sie sie zurück, wann immer sie zu hoch geworden sind. Übersprühen Sie Ihre Felsen-Landschaft häufig, damit sie nicht austrocknet. Gießen Sie vorsichtig, damit die Erde nicht abgespült wird. Nach etwa 8 Wochen können Sie zum ersten Mal ein wenig Flüssigdünger geben. Von Zeit zu Zeit ersetzen Sie die abgeschwemmte Erde.

Wichtig für die Felsen-Pflanzung

Es gibt zwei Grundformen.

1. Die Pflanzung über den Felsen.

Zur Vorbereitung der Pflanze brauchen Sie:
einen Plastikeimer oder Plastiksack,
eine 50:50 Torf-Sand-Mischung oder Bonsai-Erde,
einen Stein, den Sie eventuell in der Natur finden,
Geduld – denn es kann mehr als ein Jahr dauern, bis das Bäumchen genügend lange Wurzeln entwickelt hat.
Zur Pflanzung müssen die Wurzeln so lang sein, daß sie mit ihren Enden die Bonsai-Erde in der Schale erreichen. Für das Wachstum der Wurzeln setzen Sie das Bäumchen in ein Plastikgefäß mit leichter Erde (Drainagelöcher nicht vergessen).

Zur Pflanzung brauchen Sie:
eine Pflanze mit langen kräftigen Wurzeln, den Stein, eine Bonsai-Schale, die zum Stein paßt, Bonsai-Erde, Holzstäbchen.

Die Felsen-Pflanzung wird 8 Wochen nicht gedüngt, dafür aber oft übersprüht. Gegossen wird immer auf die Bonsai-Erde.

2. Die Pflanzung auf dem Felsen.

Der Felsen muß ausgeprägte Mulden haben und kann in eine Schale mit Wasser oder Sand gestellt werden. Die Pflanzen werden in die Mulden gepflanzt, die mit einem Torf-Sand-Gemisch (50:50) ausgestrichen wurden. Wurzeln, die nicht in die Mulde passen, daneben verteilen. Nicht ganz abschneiden, sondern nur die äußersten Spitzen kürzen. Mulde mit dem Torf-Sand-Gemisch auffüllen, Unterpflanzung vornehmen. Bäumchen werden mit Draht, Unterpflanzung mit U-Klammern gehalten. Nach der Pflanzung vorsichtig besprühen und 8 Wochen nicht düngen.

Ficus natalensis. Alter ca. 18 Jahre, Größe 50 cm. Aus der Sammlung Bob Richards, Südafrika.

Saikei – die Miniatur-Landschaft im Haus

Die Kunst, eine natürlich wirkende Landschaft auf kleinstem Raum entstehen zu lassen, stammt wahrscheinlich aus China. Aber auch in Japan hat Saikei – die kleine Landschaft auf dem Tablett – eine eigene Tradition. Vorbild waren die weltberühmten japanischen Gärten. In Tokio gibt es heute eine sehr bekannte Schule, in der speziell die Kunst der Saikei gelehrt wird.

Saikei bestehen aus natürlichen Elementen, aus Pflanzen, Erde, Steinen und Sand; Materialien, die Sie selbst sammeln können. Keine Form der Bonsai-Kultur läßt Ihrer Phantasie mehr Spielraum.

Genau wie beim Indoor-Wald empfehlen erfahrene Bonsai-Gärtner, auch hier keine unterschiedlichen Bonsai-Arten auf ein Tablett zu pflanzen, sondern verschieden große Bäumchen einer Sorte zu wählen. Das Landschaftsbild wird dadurch harmonischer und die Pflege leichter. Dies gilt aber nicht für die Unterpflanzungen. Sie können abwechslungsreich gemischt werden.

Wenn Sie Freude daran haben oder die Landschaft zusammen mit Ihren Kindern pflanzen, können Sie auch ein paar Figürchen, kleine Brücken oder Modellhäuser mit in die Gestaltung einbeziehen. Echte Saikei bestehen allerdings ausschließlich aus natürlichen Elementen.

Ausschnitt einer chinesischen Miniatur-Landschaft. Gestaltet von Yu Yat Sham, Hongkong.

Bei der Gestaltung Ihrer Zimmer-Bonsai-Landschaft können Sie alle Regeln des Umtopfens und viele Anregungen für den Indoor-Wald wieder anwenden. Zunächst werden alle Elemente gesammelt oder besorgt und vorbereitet. Geeignet sind auch hier junge (ein- bis dreijährige), preiswerte Pflanzen.

Der Charakter der Landschaft wird sehr wesentlich von den Steinen und Steinchen geprägt, die Sie verwenden. So entstehen Hügel- oder Berglandschaften, Inseln oder Halbinseln auf dem Tablett – je nach der Gestalt der Steine, ihrer Größenrelation zu den Bäumchen und der Plazierung in der Schale. Ist der Hauptfelsen zum Beispiel größer und höher als die größte Pflanze, steht er wie ein karstiges Gebirge in Ihrer Landschaft.

Indoor – Landschaft aus Carmona microphylla.

Die Schale für Ihre Landschaft soll – wie für den Indoor-Wald – flach, oval oder rechteckig sein. Ein sehr großes Tablett „dramatisiert" die Wirkung der Landschaft. Drainagelöcher, die mit Plastiknetz abgedeckt werden, sind auch hier wichtig.

Fertigen Sie sich – wie bei der Waldgestaltung – eine grobe Skizze an, wie Sie sich die fertige Landschaft vorstellen.

Skizze für eine Miniatur-Landschaft.

Für alle Saikei, die in Ihrer Phantasie entstehen und dann in der Schale verwirklicht werden, gilt ein Grundprinzip: Beginnen Sie die Pflanzung mit dem Hauptbaum und dem dazugehörigen Stein. Sollen diese Hauptelemente optisch zueinander gehören, setzen Sie beide auf die Mittellinie der Schale. Möchten Sie vor allem Tiefe erzielen, versetzen Sie den Fels etwas nach hinten.

Wenn Sie mit der Plazierung der Steine und Bäume fertig sind, füllen Sie mit Bonsai-Erde auf. Auch sie ist ein Gestaltungselement der Indoor-Landschaft und soll nicht einfach geglättet werden. Ihre Höhen und Senken geben der Landschaft Struktur und Charakter. Pflanzen Sie als allerletztes einige Gräser, immergrüne Kriechpflanzen oder auch kleine Farne ein. Sie alle können immer wieder ausgetauscht werden. Moose sind für die Indoor-Landschaft leider wenig geeignet, da sie nur im Freien gedeihen.

Die Beispiele auf der folgenden Seite sollen Ihre Phantasie anregen und Ihnen zeigen, wie vielseitig und reizvoll die Saikei-Gestaltung sein kann.

Bei der Pflege der Indoor-Landschaft ist nichts Besonderes zu berücksichtigen. Nach der Pflanzung gönnen Sie den Pflanzen für einige Wochen Schonung: keine Düngung, keine direkte Sonne – aber viel Licht!

Wichtig für die Landschaftsgestaltung

Sie brauchen:
eine flache, ovale oder rechteckige Schale,
Plastiknetze, um die Drainagelöcher abzudecken,
Kies in verschiedenen, aber natürlichen Farben,
Bonsai-Erde,
junge (1–3jährige) Pflanzen der gleichen Art,
Steine – mindestens einen großen und mehrere kleine,
Unterpflanzen (Gräser, Farne, Selaginella),
viel Phantasie.

Fertigen Sie eine Skizze an, nach der Sie sich beim Pflanzen richten. Beginnen Sie mit dem Hauptbaum und dem dazugehörigen Stein. Beachten Sie die Pflanzanweisungen für einzelne Zimmer-Bonsai und Indoor-Wälder.

Nach der Pflanzung: einige Wochen nicht düngen, hell, aber nicht in die Sonne stellen.

Saikei aus Chamaecyparis pisifera Nana – aus der Sammlung Toshio Kawamoto, Japan.

Indoor-Landschaft aus einem Ficus, Gräsern und Selaginella.

Zimmer-Bonsai aus eigener Anzucht

Ungefähr 40% der Erde sind mit tropischen Regenwäldern bedeckt. Hier wachsen mehr als 10000 verschiedene Baumarten. Hinzu kommt die große Zahl subtropischer Pflanzen, deren Schönheit und Blütenpracht uns zum Teil vom Urlaub im Süden bekannt ist. Die Auswahl für Ihre eigene Zimmer-Bonsai-Zucht ist also theoretisch unendlich. In Wirklichkeit ist sie jedoch beschränkt auf die Pflanzen, deren Samen wir kaufen oder sammeln können und von denen wir Stecklinge erhalten. Aber das Angebot im Handel wird von Jahr zu Jahr größer.

Wenn Sie sich die vertrauten Topfpflanzen ansehen, deren große Brüder sehr oft als stattliche Bäume in tropischen oder subtropischen Gebieten wachsen, erhalten Sie einen Eindruck von der Vielfalt Bonsaitauglicher Pflanzen. Nicht alle sind natürlich gleich gut für die Bonsai-Gestaltung geeignet. Richten Sie sich daher nach der Tabelle auf Seite 30 u. 189.

Pflanzen sammeln

Viele alte, formschöne und wertvolle Bonsai wurden von ihren Besitzern irgendwann einmal im Gebirge oder in steinigen Gegenden gefunden, ausgegraben und zu Hause weitergestaltet. Natürlich eignen sich die meisten Pflanzen unserer Klimazone nicht für das Leben im Haus. Aber auf jedem Spaziergang während Ihrer Ferien in einem Mittelmeerland werden Sie unzählige interessante Exemplare finden. Ein echter Indoor-Freund fährt also nie ohne einen kleinen Spaten, eine Bonsai-Schere und genügend Plastiktüten gen Süden. Natürlich werden Sie Ihre „Ausgrabungen" bis zum letzten Tag aufschieben, um die Durststrecke der Heimreise nicht unnötig zu verlängern. Und sicher werden Sie auch nicht wahllos alle Pflanzenarten ausgraben, die Ihnen gefallen. Lassen Sie sich vor der Reise von einem Bonsai-Fachmann beraten. Vor dem Ausgraben sollten Sie immer alle unnötigen Ästchen abschneiden, um die Verdunstungsfläche des Bäumchens zu reduzieren.

Graben Sie die Pflanzen möglichst tief aus, damit ihnen genügend Muttererde und Wurzelwerk erhalten bleibt; vor allem die fein verzweigten Faserwurzeln sind für die Nahrungsmittelaufnahme wichtig.

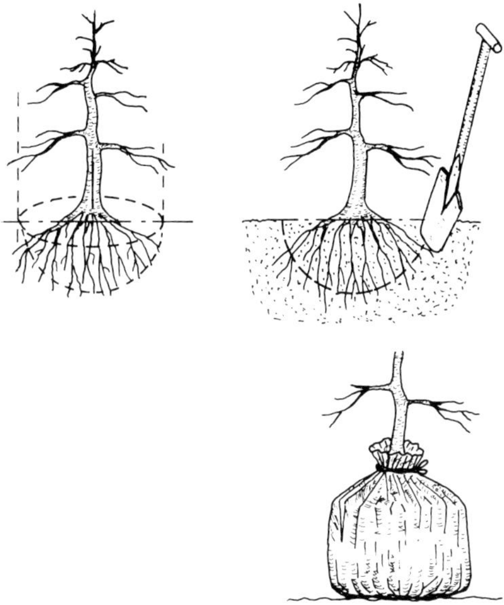

Bevor Sie Ihre Bäumchen fachgerecht ausgraben – fragen Sie den Besitzer (z.B. die Gemeinde) um Erlaubnis.

Stecken Sie – bevor Sie anfangen zu graben – einen Kreis um den Stamm ab, der in seinem Umfang etwa der Baumkrone entspricht. Entlang dieser Linie können Sie das Erdreich dann abstechen. Nehmen Sie das Bäumchen vorsichtig heraus, so daß der Erdballen möglichst vollständig erhalten bleibt.

Die beste Jahreszeit zum Sammeln ist Anfang Frühjahr – kurz vor dem Austrieb. Aber auch aus dem Sommerurlaub haben Bonsai-Freunde Pflanzen mitgebracht, aus denen wunderschöne Indoors wurden. Wichtig ist, sie sofort in viel nasses Zeitungspapier oder Moos und das Ganze in eine Plastiktüte zu packen. Pflanzen Sie Ihre „Ausgrabungen" zu Hause sofort in einen Topf, schützen Sie sie vor Sonne und sorgen Sie für hohe Luftfeuchtigkeit. Am besten stülpen Sie für 4–6 Wochen einen durchsichtigen Plastikbeutel mit Löchern als Verdungstungsschutz über die Pflanzung. Nach etwa einem Jahr können Sie Ihr Bäumchen – nach dem ersten Wurzelschnitt – in eine Bonsai-Schale umsetzen.

Wichtig beim Sammeln

Ideale Sammelgebiete sind alle Mittelmeerländer.

Sie brauchen:
einen kleinen Spaten,
eine Bonsai-Schere,
genügend nasses Zeitungspapier und Plastikbeutel.

Graben Sie tief genug, damit die feinen Wurzeln nicht abgerissen werden. Bei älteren Pflanzen stekken Sie einen Kreis mit dem Durchmesser der Baumkrone ab und graben entlang der Kreislinie.

Geeignete Jahreszeiten sind Frühjahr und Herbst. Halten Sie die Pflanzen auf der Heimreise gut feucht. Nach einem Jahr im Topf: Wurzelschnitt und Umsetzen in eine Bonsai-Schale.

Indoors aus Samen

Ganz sicher gibt es nichts Schöneres für einen Bonsai-Liebhaber, als aus einem kleinen Samenkorn einen interessant gewachsenen, reizvollen Baum entstehen zu sehen. Dabei möchten wir gleich am Anfang über einen weit verbreiteten Irrtum aufklären: Es gibt keine Bonsai-Samen. Die Aufschrift auf den Tütchen bedeutet lediglich, daß die Pflanze für die Bonsai-Zucht geeignet ist. Zimmer-Bonsai aus Samen heißt also: Eine Haus-Pflanze ziehen und sie nach einiger Zeit zum Bonsai umgestalten. Die größte Auswahl an Samen hat bei uns die van Waveren-Pflanzenzucht (Anschrift Seite 202) auf den Markt gebracht, und jeder Samentüte ist eine genaue Aussaat-Anleitung beigefügt. Außer dem Kaufen oder Sammeln von Samen in südlichen Urlaubsländern lohnt sich für erfinderische Indoor-Gärtner auch der Weg ins Feinkostgeschäft. Aus Avokados, Granatäpfel, Pistazien, Citrusfrüchten u.a. entstehen reizvolle Pflanzen, die sich sehr gut zu Bonsai kultivieren lassen.

Was Sie brauchen, ist Geduld

Alle alten, knorrigen, charaktervoll geformten Bäume sind irgendwann einmal aus einem Samenkorn entstanden. Aber zwischen Sammeln oder Kaufen der Samen bis zu einem Bäumchen, das sich zu Recht Bonsai nennen darf, liegen – auch bei Indoors, die ja meist schneller wachsen als die kleinen Bäumchen im Freien – mehrere Jahre.
Die verschiedenen Samenarten unterscheiden sich in der Dauer ihrer Keimfähigkeit voneinander. Diese kann wenige Tage bis zu einigen Jahren betragen. Schnell alternde Sorten sollten sofort eingesät oder bis zur Aussaat in feuchtem Sand eingegraben werden. Andere Arten sind bei der Fruchtreife noch nicht keimfähig. Sie werden z.B. stratifiziert, das heißt, mehrere Monate kühl aber frostfrei (+2°C bis +8°C) aufbewahrt, um nachzureifen.
Versuchen Sie Ihr Glück, indem Sie alle Samen aussäen, von denen Sie meinen, daß aus ihnen schöne Zimmerpflanzen entstehen könnten, z.B. Kerne von Zitronen, Mandarinen... und warten Sie ab. Einige werden gleich aufgehen, manche vielleicht erst nach einem Jahr, manche nie, aber in jedem Fall lohnt es sich, das auszuprobieren.

Indoors aus Früchten, die bei uns im Feinkostgeschäft erhältlich sind.

Name der Frucht	Name der Pflanze
Carambola	Averrhoa carambola
Cherimoya	Annona cherimola
Citrus	Citrus Limon
	Citrus aurantifolia
	Citrus sinensis
Durian	Durio zibethinus
Guajana	Anona muricada
Granatapfel	Punica granatum
Guave	Psidium guajaba
Johannisbrot	Ceratonia siliqua
Pitanga	Eugenia uniflora
Loquat	Eriobotrya japonica
Litchi	Litchi chinensis
Manna	Cassia fistula
Pistazie	Pistacia
Rambutan	Nephelium lappaceum
Sapodilla	Achras zapota
Tamarillo	Cyphomandra betacea

Vor der Aussaat:

Viele Samen-Sorten müssen vorquellen. Man legt sie in ein Gefäß mit Wasser (hartschalige Samen werden mit einer Feile angeritzt) und läßt sie 24 Stunden stehen. Keimfähige Samen saugen sich voll und sinken auf den Boden des Gefäßes, taube bleiben an der Wasseroberfläche. Die keimfähigen Samen werden feucht ausgesät – sie dürfen nach dem Wasserbad nicht mehr trocken werden.

Die Aussaat:

Der Keimling ist mit Nährstoffgewebe umschlossen und braucht daher „arme" Erde. Sie soll keinen oder nur ganz wenig Dünger enthalten und muß frei von Krankheitskeimen sein. Gut geeignet ist ein Torf-Sand-Gemisch (je gröber der Samen, desto gröber die Erde), Pikier-Erde oder TKS 1 – alles erhalten Sie im Handel. Natürlich können Sie auch selbst mischen: ein Teil Torf, ein Teil Sand. Als Saatgefäß eignen sich 8–10 cm hohe Saatschalen aus Kunststoff, Bonsai-Schalen oder alle möglichen Plastikschüsseln. Wichtig ist nur, daß auch sie Drainagelöcher haben, die mit einem Plastiknetz abgedeckt werden, um das Ausrieseln der Erde zu verhindern. Für einzelne Samenkörner haben sich Jiffy-Pots bewährt.

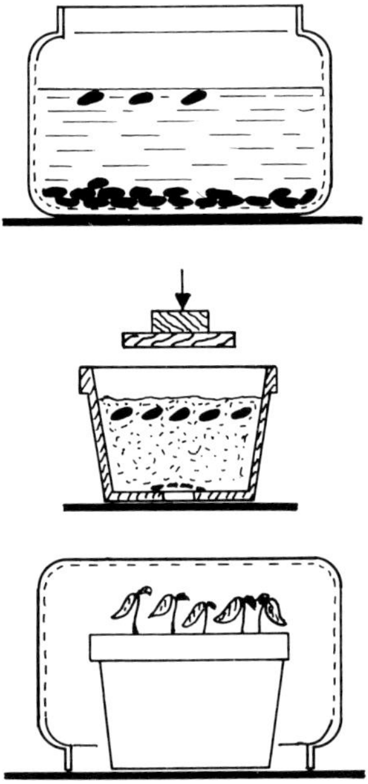

So säen Sie aus.

Sie geben bis 3 cm unter den Schalenrand Erde und streichen sie mit einem Holzbrettchen glatt. Jetzt wird gesät. Grobes Saatgut wird aufgelegt, feines gestreut. Bitte so gleichmäßig wie möglich. Größere Samen werden leicht eingedrückt und dünn mit gesiebter Aussaat-Erde bedeckt. Die Abdeckschicht soll etwa die Samen-Dicke haben. Sehr feines Saatgut wird nicht bedeckt, sondern nur leicht angedrückt. Damit Ihre Keimlinge gut gedeihen, d.h. vor der sog. „Umfall-Krankheit" geschützt sind, gießen Sie die Aussaat mit einer Chinosol-Lösung (1 Tabl. auf 1 l Wasser).

Wichtig ist, daß Ihre Keimlinge nicht austrocknen

Stellen Sie das Saat-Gefäß nie in die Sonne und halten Sie die Erde immer feucht – nicht naß! Um zu vermeiden, daß die Samen zusammengeschwemmt werden, verwenden Sie eine feine Brause oder einen Zerstäuber. Eine andere Möglichkeit der Bewässerung: Sie stellen die Saatschale für ca. 5 Minuten bis zu dreiviertel ihrer Höhe in ein Gefäß mit Wasser. Für das Ganze sollten Sie einen gleichmäßig temperierten (+18°C bis +22°C) Platz aussuchen.

Sobald sich die ersten 4–5 Blättchen zeigen, können Sie die jungen Pflänzchen pikieren oder in einzelne Töpfe setzen. Frühestens einen Monat danach werden sie zum ersten Mal gedüngt. Nehmen Sie höchstens die Hälfte der vorgeschriebenen Menge – am besten organischen Flüssigdünger.

Wenn Ihr Jungpflänzchen 8–12 cm groß ist, können Sie damit beginnen, sein Wachstum zu beeinflussen. Schneiden Sie den Haupttrieb (Triebspitze) oben ab, entwickelt Ihr Sämling neue, seitliche Triebe. Er verzweigt sich.

Sind Ihre Bäumchen 15–20 cm groß und leicht verholzt, können Sie mit der Bonsai-Gestaltung beginnen. Natürlich wählen Sie dafür die schönsten Exemplare aus.

Murraya paniculata – aus Samen gezogen.

Wichtig für die Indoor-Zucht aus Samen

Sie brauchen:
Samen,
ein ca. 10 cm hohes Gefäß mit Drainagelöchern aus Kunststoff, eine Bonsai-Schale oder – für die Aussaat einzelner Körner – Jiffy-Pots,
eventuell feuchten Sand zum Stratifizieren,
Erde: ein Torf-Sand-Gemisch, Pikier-Erde oder TKS 1,
ein Holzbrettchen,
ein Sieb.

Füllen Sie in folgender Reihenfolge ein: Aussaat-Erde (bis ca. 3 cm unter den Rand), Samen, eine dünne Schicht gesiebte Erde. (Ausnahme: sehr feine Samen.)

Halten Sie die Aussaat feucht, setzen Sie die jungen Pflänzchen in einzelne Töpfe, düngen Sie frühestens nach drei Monaten.

Aus einem Sämling wird ein Bonsai.

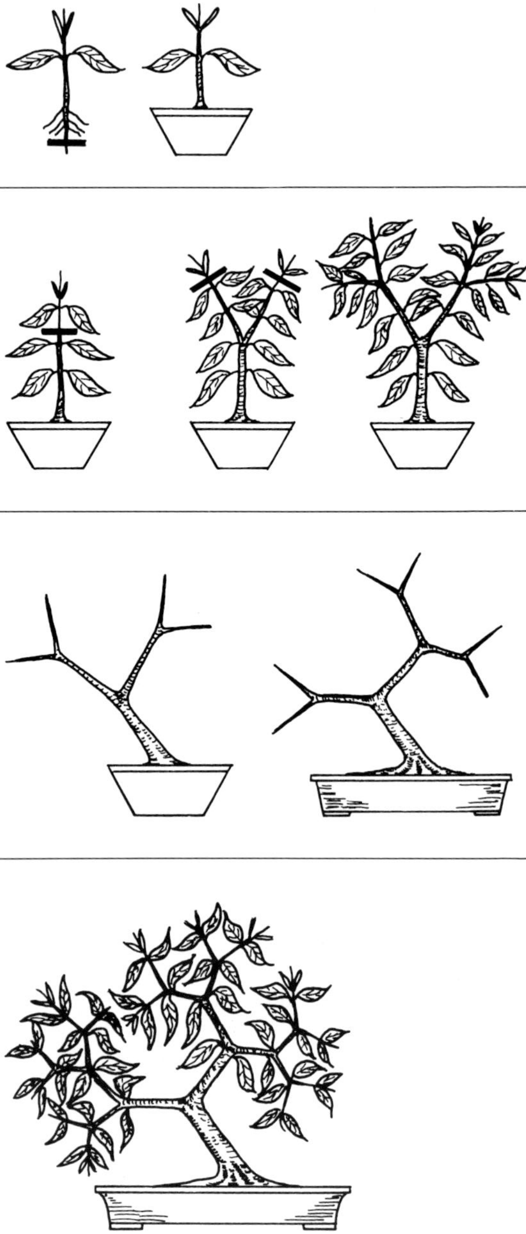

Indoors aus Stecklingen

Stecklinge sind Triebe oder junge Ästchen, die von der Mutterpflanze abgeschnitten und – in Erde oder Wasser „gesteckt" – Wurzeln entwickeln und so zu eigenständigen Pflanzen werden. Viele Stecklinge bewurzeln sich sehr leicht, andere schwieriger, aber fast alle Pflanzen lassen sich durch Stecklinge vermehren.

Natürlich können Sie auch aus den Trieben und Ästchen, die Sie bei der Gestaltung Ihrer Indoors abschneiden, neue Bäumchen ziehen. Wichtig ist, daß Sie die Triebe oder Ästchen fachgerecht abschneiden und einstecken – und zwar so:

So sollten Ihre Stecklinge aussehen.

Der Steckling soll ca. 10 bis 20 cm lang und leicht verholzt, also nicht zu weich sein.

Schneiden Sie den Steckling direkt unterhalb eines Blattknotens mit einem scharfen Messer oder einer Bonsai-Schere ab. Ist die Triebspitze sehr weich, wird sie eingekürzt.

Entfernen Sie auch die Blätter an dem Ende (ca. 3 cm), das in die Erde gesteckt wird.

Bonsai-Gestaltung aus einem Sämling.

Jetzt können Sie (müssen aber nicht!) die Schnittstelle in Wurzelfix tauchen, um das Wurzelwachstum anzuregen. Wurzelfix ist ein Wachstumshormon und im Handel erhältlich. Wichtig ist, daß zwischen Schneiden und Stecken wenig Zeit verstreicht, damit die Stecklinge nicht welken.

Ausnahmen bilden alle Sukkulenten (z.B. Jadebaum) – hier müssen die Schnittstellen vor dem Stecken erst antrocknen, also ca. 14 Tage liegen. Dann werden sie in trockene Erde gesteckt und zum ersten Mal gewässert, nachdem sich die ersten feinen, weißen Wurzeln gebildet haben.

Als Pflanzgefäße eignen sich Blumentöpfe, Saatschalen, Bonsai-Schalen oder Holzkästen. Vergessen Sie auch hier nicht die Drainagelöcher, die mit einem Plastiknetz abgedeckt werden. Füllen Sie die Schale mit einem 50:50 Torf-Sand-Gemisch und drücken Sie die Erde mit einem Brettchen an. Jetzt werden die Stecklinge ca. 2–3 cm in die Erde gesteckt. Der Abstand soll so groß sein, daß sich die Pflänzchen kaum berühren.

Wässern Sie Ihre kleine Plantage kräftig und decken Sie sie mit einer durchsichtigen Plastikfolie ab oder stülpen Sie ein Gurkenglas darüber.

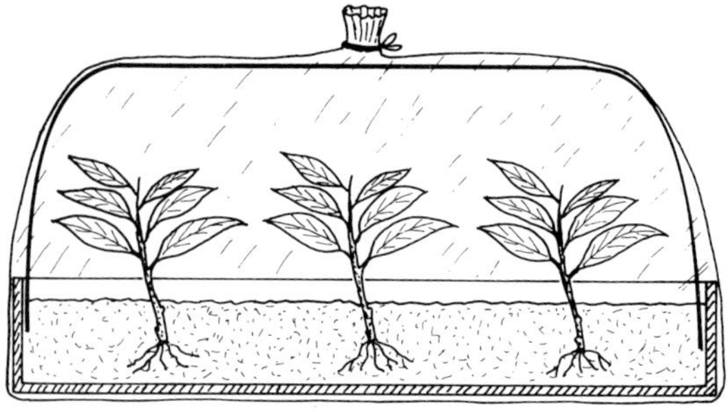

Halten Sie die Erde immer gut feucht und besprühen Sie die Stecklinge häufig.

Für die ersten drei Monate soll das kleine Gewächshaus hell, aber nicht in der Sonne stehen.

Stecklinge tropischer Pflanzen wollen warm stehen (+18°C bis +24°C); Stecklinge von Kalthaus-Pflanzen etwas kälter. Nach 4–8 Wochen – je nach Pflanzenart –, wenn sich die ersten Wurzeln gebildet haben, können Sie schon leicht düngen und die Pflanzen langsam an die Luft gewöhnen – also aufdecken. Wenn Ihre Zöglinge gutes Wurzelwerk gebildet haben, werden sie in einzelne kleine Töpfe (6–8 cm) umgepflanzt. Dabei schneiden Sie die längeren Wurzelspitzen etwas zurück, damit sich ein gleichmäßiger kompakter Wurzelballen entwickeln kann.

Sageretien-Steckling, genügend bewurzelt zum Einpflanzen.

Die Stecklinge vieler Zimmerpflanzen können Sie auch einfach ins Wasser stellen, bis sie genügend Wurzeln gebildet haben. Nehmen Sie dafür keine enghalsigen Flaschen, damit Sie die Wurzeln beim Herausnehmen nicht verletzen. Geeignet sind Gurkengläser oder Wassergläser. Stellen Sie die Gläser für Kalthauspflanzen auf ein Fensterbrett ohne Heizung, für Warmhauspflanzen auf ein Fensterbrett über der Heizung. Gläser haben den Vorteil, daß man sieht, wie viele Wurzeln sich schon gebildet haben. Danach können die so bewurzelten Stecklinge gleich in Einzeltöpfe gepflanzt werden.

Viele Bonsai-Freunde beginnen mit der Gestaltung nach ca. einem Jahr. Sie können aber auch von Anfang an die neuen Triebe immer wieder ein wenig kürzen.

Neue Triebe werden von Anfang an gekürzt. Das Pflänzchen verzweigt sich.

Aus Stecklingen gezogene Ficus neriifolia: 2 Jahre, 4 Jahre, 15 Jahre.

Wichtig für die Indoor-Zucht aus Stecklingen

Sie brauchen:
ein scharfes Messer oder eine Bonsai-Schere
und entweder:
ein beliebiges Pflanzgefäß mit abgedeckten Drainagelöchern,
ein Torf-Sand-Gemisch 50:50,
Plastikfolie oder ein Gurkenglas zum Abdecken
oder einfach:
ein Glasgefäß mit Wasser.

Viele Pflanzen, die im Zimmer leben, können Sie während des ganzen Jahres durch Stecklinge vermehren. Die beste Zeit jedoch ist April bis Juni. Nach guter Wurzelbildung wird jedes Pflänzchen einzeln in einen Topf (6–8 cm) mit Zimmer-Bonsai-Erde gesetzt. 3–4 Wochen später leicht düngen.

Abmoosen

Finger- oder daumendicke Äste lassen sich kaum oder sehr schwer als Stecklinge vermehren. Sie werden durch Abmoosen bewurzelt. Beim Abmoosen entwickeln sich die Wurzeln der neuen Pflanze noch am Mutterbaum. Die junge Pflanze wird erst dann ganz vom Stamm getrennt, wenn sie selbst lebensfähig ist, das heißt: genügend Wurzeln gebildet hat und sich allein ernähren kann. Diese Wartezeit können Sie zur Bonsai-Gestaltung nutzen, indem Sie den sich bewurzelnden Ast noch an der Mutterpflanze durch Schneiden und eventuell sogar Drahten formen. Mit dieser Methode kann der Bonsai-Liebhaber schnell zu einem schönen, älteren Bäumchen kommen, wie z.B. bei dieser Birkenfeige, die schon lange als Zimmerpflanze im Wohnbereich stand, bevor sie für das Abmoosen entdeckt wurde.

Ficus benjamina (Birkenfeige) vor und nach dem Abmoosen.

Abmoosen können Sie zu jeder Jahreszeit.
In der Hauptwachstumszeit allerdings geht die Bewurzelung schneller.

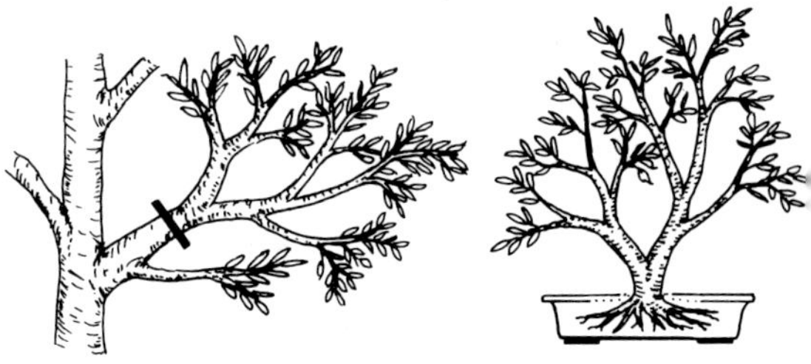

Aus einem schön geformten Ast wird ein schön geformter Baum.

Wählen Sie ein besonders schön gewachsenes Ästchen Ihrer Topfpflanze aus, denn dieses Ästchen wird zum Stamm Ihres neuen Zimmer-Bonsai. Es sollte nicht dicker als 0,5 bis 2 cm im Durchmesser sein, da es sonst sehr lange dauern kann, bis eine Bewurzelung erfolgt.

An den beiden Seiten, an denen sich neue Wurzeln bilden sollen, wird der Ast von unten nach oben mit einem 2 cm langen Einschnitt versehen, dem sogenannten Zungenschnitt. Pudern Sie die Schnittstelle dünn mit Wurzelfix ein.

Klemmen Sie in den Schnitt ein Steinchen, ein Moos- oder Torfstückchen, damit die Stelle nicht wieder zuwachsen kann.

Befestigen Sie unterhalb der Schnittstelle eine Plastikmanschette und füllen Sie diese mit feuchtem Torf oder Sphagnummoos. Verwenden Sie eine durchsichtige Folie, damit Sie die Wurzelbildung beobachten können.

Schlagen Sie die Plastikmanschette nach oben und binden Sie sie mit einem Gummiband oder einer Schnur zu. Jetzt kann im Bereich der Schnittstelle kaum mehr Feuchtigkeit verdunsten.

Bis an dieser Stelle neue Wurzeln wachsen, können einige Wochen vergehen. Während dieser Zeit sollten Sie die Feuchtigkeit des Torfs ab und zu überprüfen und – wenn nötig – ein bißchen von oben in die Manschette nachgießen.

Nach 6–8 Wochen – je nach Pflanzenart – haben sich meist so viele Wurzelansätze gebildet, daß das neue Bäumchen lebensfähig ist. Trennen Sie jetzt den Ast unterhalb der Schnittstelle durch und pflanzen Sie das bewurzelte neue Bäumchen in einen Topf (Moos oder Torf nicht entfernen) oder gleich in eine passende Bonsai-Schale.

Abmoosen durch Zungenschnitt.

Außer dem Zungenschnitt gibt es noch zwei weitere Abmoos-Techniken: Das Einschnüren mit Draht und das Abschälen eines ca. 1 cm breiten Reifs rund um den Ast.

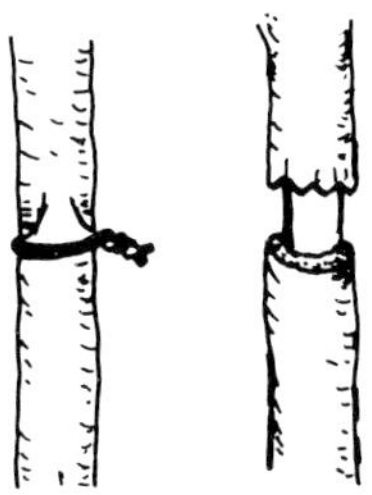

Zwei weitere Abmoos-Techniken.

Auch für Pflänzchen, die Sie durch Abmoosen gewonnen haben, gilt: Erst nachdem die Pflanze im Topf richtig eingewurzelt ist, kann die Bonsai-Gestaltung fortgesetzt werden.

Wichtig beim Abmoosen:

Sie brauchen:
ein scharfes Messer,
Torf, Sphagnummoos,
durchsichtige Folie und Schnur oder Gummiband.

Wählen Sie den Ast, den Sie abmoosen möchten, sehr sorgfältig aus, denn er wird zum Stamm Ihrer neuen Pflanze.

Der Ast wird von zwei Seiten eingeschnitten. Zeichnung beachten.

Torfmanschette anlegen, feucht halten, abwarten. Manschette erst abnehmen, wenn der Torf gut durchwurzelt ist. Beim Abnehmen darauf achten, daß der Torfballen nicht zerfällt.

Das Abmoosen dauert 4–8 Wochen oder länger. Danach wird eingepflanzt.

Der erste Schritt zum Zimmer-Bonsai

Ganz gleich, ob Sie eine junge Pflanze selbst gezogen, gesammelt oder gekauft haben oder ob Sie eine „erwachsene" Topfpflanze zum Bonsai umgestalten möchten – der erste Schritt ist der Moment, auf den sich der Bonsai-Liebhaber besonders freut. Ihr „Zögling" erhält seinen ersten Wurzelschnitt, wird in eine passende Bonsai-Schale gepflanzt und in seine Grundform gebracht. Lassen Sie sich Schritt für Schritt von den Anleitungen in den Kapiteln „Umtopfen und Wurzelschnitt" und „Gestaltung Ihrer Zimmer-Bonsai" und von den folgenden Beispielen führen. Viel Spaß!

Aus Topfpflanzen werden Zimmer-Bonsai

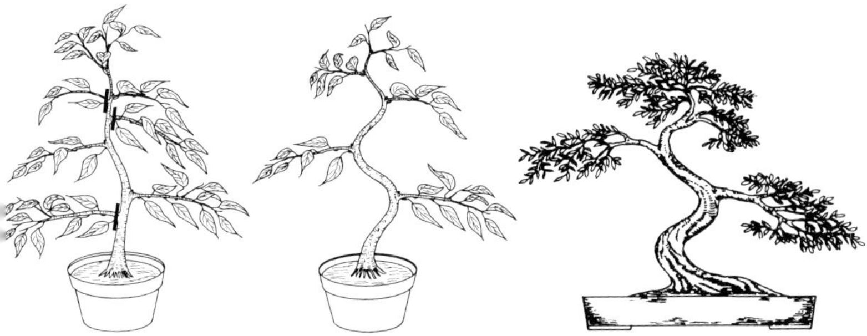

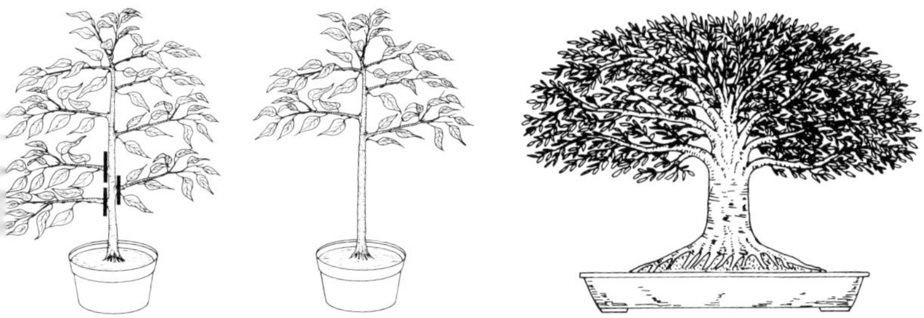

Punica granatum – der Baum wird nach unten gebogen und festgebunden. So entsteht in ca. 3 Monaten eine Kaskadenform.

Cissus antarctica in Literaten-Form gestaltet.

Ficus benjamina 'Starlight'.

Myrtus communis. Alter ca. 2 Jahre, Größe 8 cm; gestaltet von Michael Veith, Deutschland.

Ficus benjamina – die Pflanze wird mit dem Topf waagrecht in die Erde gelegt. Nach ca. 8 Wochen haben sich die Äste nach oben gestellt. Jetzt wird der Ballen abgeschnitten und die entstandene Floßform eingepflanzt.

Ficus benjamina – 3 Bäumchen werden zu einem gedrehten Stamm „geflochten".

Zweijährige Schefflera arboricola – erster Rückschnitt.

Achtjährige Schefflera arboricola – Schirmform.

Eine sechsjährige Myrtus communis – hier noch als Topfpflanze. Frei aufrechte und geneigte Formen sind in diesem dreistämmigen Bäumchen angelegt.

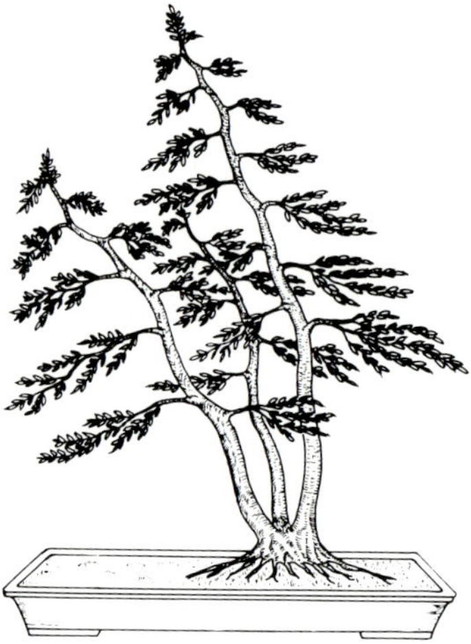

Die Skizze zeigt eine der möglichen, die leicht geneigte Form; die Fotos die Gestaltung der Pflanze zu einem windgepeitschten Bonsai.

Myrtus communis – in eine windgepeitschte Form gedrahtet.

Die gleiche Myrtus communis – ein Jahr später.

Ficus benjamina als Topfpflanze.

Der gleiche Ficus in Trauerweiden-Form gestaltet, nach dem Blattschnitt – und ein halbes Jahr später.

Grevillea robusta – Gestaltung zu einer frei aufrechten Form.

Ficus benjamina – Gestaltung zur Kugelform.

Das richtige Handwerkszeug

Wenn Sie schon Bonsai-Erfahrung haben und mit der Pflege und Gestaltung der kleinen Bäume draußen im Freien vertraut sind, werden Sie auch für Ihre Indoors gut ausgerüstet sein. Stehen Sie aber am Anfang Ihres Bonsai-Hobbys, empfiehlt es sich, die allerwichtigsten Werkzeuge gleich zu Beginn anzuschaffen. Sie erleichtern sich dadurch vieles und Ihr Hobby macht mehr Freude.

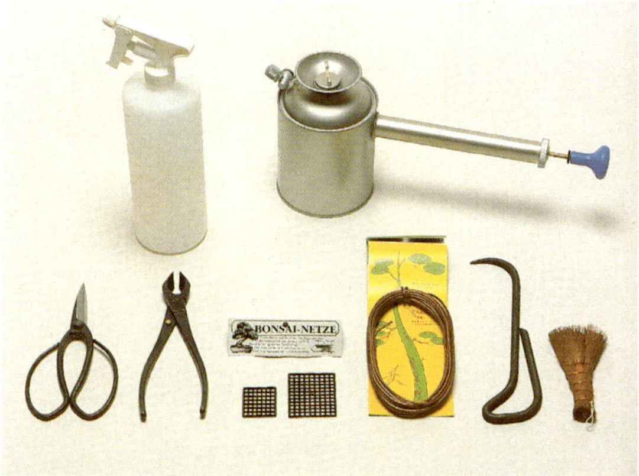

Was Sie gleich zu Anfang brauchen:

1. Einen Pflanzensprüher (Metall oder Plastik).
2. Die Universal-Bonsai-Schere zum Schneiden von Trieben, Zweigen, dünnen Ästen und Wurzeln.
3. Eine Konkav-Zange, mit der Sie Äste ganz dicht am Stamm so abschneiden, daß die Wunde rasch und ohne Vernarbung heilt.
4. Plastiknetze zum Verschließen der Drainagelöcher.
5. Eloxierten Alu-Draht in verschiedenen Stärken.
6. Eine Wurzel-Kralle, mit der Sie verfilztes Wurzelwerk beim Umtopfen auseinanderziehen. Ein Stäbchen tut es auch.
7. Einen Bonsai-Besen zum Reinigen und Glätten der Erdoberfläche.

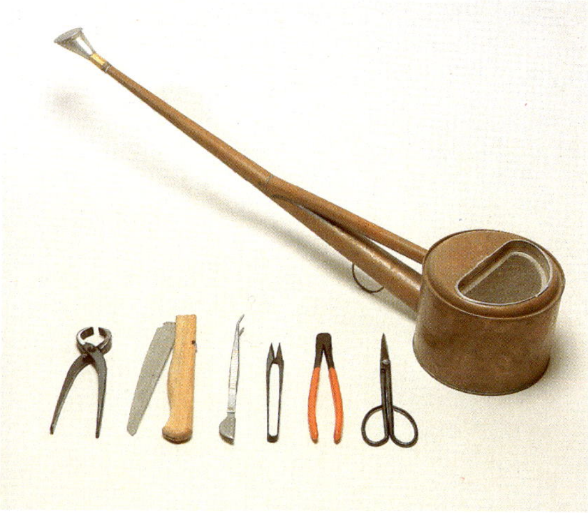

Was Sie sich nach und nach zulegen sollten:

1. Eine Wurzel-Zange für dicke Wurzeln.

2. Eine Bonsai-Säge für dicke Äste.

3. Eine Bonsai-Pinzette, mit der Sie junge Triebe abzwicken, welke Blätter und Ungeziefer entfernen.

4. Einen Blattschneider.

5. Eine Drahtzange, die so konstruiert ist, daß Sie den Draht an der Pflanze abknipsen können, ohne die Rinde zu verletzen.

6. Eine schmale Bonsai-Schere zum Schneiden feiner Triebe und zum Auslichten der Krone.

7. Eine Gießkanne mit feiner Brause.

Vergessen Sie nicht, auch Ihr Bonsai-Werkzeug braucht Pflege. Reinigen Sie es regelmäßig und ölen Sie es ab und zu.

Mini-Indoors

Vor allem die Japaner haben in den letzten Jahren eine große Liebe zu den Kleinsten der Kleinen entwickelt. Mini-Bonsai für draußen und drinnen sind 8–15 cm „groß" und haben doch die Gestalt ausgewachsener Pflanzen oder sogar Bäume. Die Schalen, in denen die „Winzlinge" gedeihen, sind Miniaturausgaben großer Bonsai-Schalen – vielfältig in Form und Farbe, aber oft nicht größer als ein Fingerhut.

Besonders reizvoll und dekorativ sind Mini-Indoors, die einzeln oder zu mehreren auf einem Tablett mit Sand oder Granulat stehen.

Wie entsteht ein Mini-Indoor?

Wie Ihre „großen" Zimmer-Bonsai können Sie auch Minis problemlos aus Samen oder bewurzelten Stecklingen aller Zimmerpflanzen oder Indoors selbst ziehen. Je kleinblättriger die Pflanze, desto schöner werden die Proportionen Ihrer Mini-Indoors sein. Wenn Sie Ihren Bonsai-Blick schon geübt haben, werden Sie Stecklinge auswählen, die bereits interessant geformt sind und relativ schnell in eine reizvolle Gestalt hineinwachsen. Reizvoll heißt auch hier: natürlich und harmonisch.

Bis aus Ihrem Ableger ein Pflänzchen wird, das sich Mini-Indoor nennen kann, vergehen mindestens 3 Jahre. Die Gestaltung ist einfach, denn das Ziel ist klar: Das ganze Pflänzchen und die einzelnen Blätter sollen möglichst klein bleiben. Als Mini-Gärtner werden Sie deshalb von Anfang an alle neuen Triebe – bis auf ein oder zwei Blätter – abzupfen und auch immer wieder die großen Blätter abschneiden. Allmählich entwickelt Ihr Ableger eine eigenwillige Form

Die Pflege der Minis

Im wesentlichen gelten die gleichen Regeln wie für alle anderen Indoors. Wichtig ist nur, daß Sie nicht vergessen, daß für die Ernährung der winzigen Pflänzchen oft nur zwei bis drei Teelöffel Erde zur Verfügung stehen. Deshalb müssen Sie häufiger gießen, öfter umtopfen und vorsichtiger düngen.

Da das Gießen der Winzlinge oft eine Geduldsprobe ist, empfiehlt es sich, die kleinen Töpfchen zu tauchen: mindestens einmal am Tag, bis keine Luftblasen mehr aufsteigen. Und: Stellen Sie Ihre Mini-Indoors auf ein Tablett mit immer feuchtem Sand oder Granulat, nicht ins Wasser!

Beim Umtopfen – ungefähr einmal im Jahr – schneiden Sie die Wurzeln um 1/3 zurück. Die Erdmischung ist die gleiche wie für alle Bonsai – sie sollte aber feiner sein. Nach dem Umtopfen wird 4–6 Wochen nicht gedüngt.

In der Wachstumszeit düngen Sie einmal pro Woche mit Flüssigdünger in abgeschwächter Konzentration. Immer in die feuchte Erde! Je kleiner die Töpfchen, desto sinnvoller ist das Düngen von unten durch das Drainageloch mit einer Injektionsspritze.

Wichtig für die Gestaltung und Pflege von Mini-Indoors

Sie können problemlos aus Samen oder Ablegern gezogen werden. Von Anfang an alle neuen Triebe (bis auf einen oder zwei) und große Blätter abschneiden.

Sie müssen häufiger gegossen, öfter umgetopft und vorsichtiger gedüngt werden.

Ein Tablett mit immer feuchtem Sand oder Granulat unter dem Töpfchen ist reizvoll und macht die Pflänzchen pflegeleicht.

Tauchen statt gießen und eine Injektionsspritze zum Düngen sind praktisch.

Ficus benjamina als Mini Bonsai.

Indoors auf Hydro

Pflanzen ernähren sich von Wasser und den darin gelösten Mineralstoffen. In den herkömmlichen Topfpflanzenkulturen werden sie in Erde gepflanzt. Sie gibt ihnen Halt und speichert Wasser und Nährstoffe.
In der Hydrokultur werden die Pflanzen statt durch Erde durch ein strukturstabiles, poröses Substrat gehalten. Sie wurzeln im Wasser und werden mit einer Nährstoff-Batterie „automatisch" versorgt.

Die Hydro-Kultur gewinnt bei Hobby-Gärtnern immer mehr Freunde. Sicher spielt dabei eine Rolle, daß sie die Pflege erleichtert, Gieß- und Düngefehler fast unmöglich macht und Versorgungsprobleme im Urlaub ausschließt. Natürlich werden wir uns an „Hydro"-Indoors erst gewöhnen müssen. Sie sehen anders aus als die klassischen Zimmer-Bonsai, denn Erde und Bonsai-Schale gehören zum traditionellen Gesamtbild der Miniaturbäume. Aber auch mit Granulaten läßt sich die Oberfläche des „Bodens" reizvoll gestalten – und es gibt auch schon einige – für Bonsai geeignete – Hydro-Gefäße.

Versuchen Sie die Hydro-Kultur zunächst mit in Wasser gezogenen Stecklingen. Auch jüngere, wuchsfreudige Bäumchen lassen sich problemlos auf Hydro umstellen.
Informieren Sie sich in einem der ausführlichen Hydro-Bücher, bevor Sie ans Werk gehen.

Viele Bonsai-Freunde können sich zwar mit dieser Kultur, aber nicht mit den dazu erforderlichen, tiefen Gefäßen anfreunden. Bei folgender Methode müssen Sie nicht auf die schönen Bonsai-Schalen verzichten und können Ihre Pflanzen trotzdem auf Hydro umstellen:

Pflanze aus dem Topf nehmen, Wurzeln in lauwarmem Wasser auswaschen und ganz von der Erde befreien. Schon winzige Erdreste erhöhen die Fäulnisgefahr.

Wurzeln kräftig (um mindestens 1/3) zurückschneiden.

Pflanze in eine Bonsai-Schale setzen und mit Lecaton-Granulat (gebrochener Blähton in der Körnung 2–4 mm ∅) auffüllen. Abzugslöcher mit Plastiknetzen bedecken. Lecaton vorher mit Wasser reinigen und feucht einfüllen.

Den neu eingetopften Bonsai auf ein wasserdichtes Tablett stellen, das Sie vorher bis fast zum Rand mit dem gleichen Granulat aufgefüllt haben. Sehr dekorativ sind flache, große Tabletts mit einer Randhöhe von 2–4 cm.

Umgestellt auf Hydro-Jacaranda mimosifolia, Pyracantha coccinea, Sageretia theezans.

Beim ersten Mal wird das Tablett mit lauwarmem Leitungswasser ganz gefüllt. Wenn das Wasser bis auf etwa 1 cm Höhe verbraucht ist, füllen Sie das Tablett wieder auf. Ihr Bäumchen ist nach der Umpflanzaktion empfindlicher als sonst und soll für etwa 14 Tage mit einer durchsichtigen Plastikhaube abgedeckt werden. Nach diesen zwei Wochen, wenn sich neue Wurzeln gebildet haben, können Sie einen Hydrodünger, z.B. Lewatit HD 5, aufstreuen.

Wenn Sie das Wässern noch weiter vereinfachen möchten – z.B. in der Urlaubszeit – fragen Sie nach dem Hydro-Tank von Dr. Blaicher.

Grolit 2000 – ein interessanter Versuch zwischen Erde und Hydro

Wenn Sie sich das Gießen erleichtern und Gießfehler vermeiden möchten, sich aber für die Hydro-Kultur bisher nicht begeistern konnten, werden Sie sich vielleicht mit Grolit 2000 anfreunden. Einige Bonsai-Liebhaber verwenden dieses neue Material inzwischen als Erd-Ersatz. Sie setzten ihr Bäumchen beim Umtopfen mit seinem Erdballen (Grundballen) statt in neue Erde in Grolit 2000. Dieses poröse, rot-braune Tongranulat ist extrem wasseraufnahmefähig und wasserabgabebereit. Ein Wasserspeicher, der die Hauptprobleme beim Gießen lösen kann, da die Pflanze dem Material immer die Feuchtigkeit entzieht, die sie braucht.

Im allgemeinen empfiehlt es sich, das Granulat alle 8 Tage kräftig zu überbrausen oder die Pflanze zu tauchen. In sehr heißen Sommern wässern Sie häufiger – etwa alle 3 Tage – in jedem Fall aber immer, wenn das kräftig braunrote Granulat eine hellere Farbe angenommen hat. Überschüssiges Wasser fließt durch die Drainagelöcher ab.

Das poröse Tonmaterial sorgt auch für eine gute Luftzirkulation im Wurzelbereich. In Verbindung mit dem Langzeitdünger Levater 80 ist Ihre Pflanze immer gut ernährt.

Mit Grolit 2000 sind auch Unterpflanzungen möglich. Das macht diese Methode „Bonsai-freundlicher" als die Hydro-Kultur. Wenn Sie mit diesem neuen Material Erfahrungen sammeln möchten, probieren Sie es mit einer jungen Pflanze aus. Im Handel werden verschiedene Korngrößen angeboten – verwenden Sie für Ihre Miniatur-Bäume Perlgrolit (0–4).

Was Sie beim Indoor-Kauf beachten sollten

Die meisten Bonsai-Freunde haben einmal mit einem Bäumchen angefangen, das bereits gestaltet war, und ergänzen ihre Sammlung nicht nur durch eigene, sondern auch immer wieder durch gekaufte Exemplare. Das Indoor-Angebot im Fachhandel wird von Jahr zu Jahr vielfältiger und interessanter. Ob Sie ein junges oder ein älteres Bäumchen kaufen, ob Sie es verschenken oder sich selbst zum Geschenk machen, überzeugen Sie sich davon, daß es sich immer um eine gesunde, gut durchwurzelte Pflanze handelt. Für erfahrene Bonsai-Freunde gilt als wichtiges Qualitätsmerkmal, daß der Bonsai einen durchwurzelten Ballen hat.

Jeder Fachmann wird Ihnen auf Wunsch das Wurzelwerk zeigen. Er hebt die Pflanze vorsichtig aus der Schale. Ein durchwurzelter, fester Erdballen, an dem die feinen – während der Wachstumszeit weißen – Wurzelspitzen außen sichtbar sind, ist ein Zeichen für Qualität. Ausnahme: Sie kaufen eine gerade umgetopfte Pflanze.

Was entscheidet über den Wert

Ganz sicher ist, daß das Alter bei Bonsai oft überbewertet wird. Natürlich ist ein älterer, schöner Baum kostbarer als ein junges, anmutiges Bäumchen. Aber gerade bei den Indoors, deren Geschichte noch relativ jung ist, kommt es vor allem auf die Schönheit der Pflanze, auf ausgewogene Proportionen und eine harmonische Gestaltung an. Lassen Sie sich deshalb nicht von Jahreszahlen blenden, sondern verlassen Sie sich beim Kauf auf Ihr Gefühl für Schönheit und Harmonie, denn die Bonsai-Schale allein macht aus einer Zimmerpflanze noch keinen Indoor.

Schulen Sie Ihren Blick für Bonsai, indem Sie schöne, kostbare Bäume in Ausstellungen und Bildbänden betrachten.

Immer wieder werden Bonsai-Fachleute nach objektiven Kriterien für den Wert der kleinen Bäume gefragt. Wenn es überhaupt allgemeine Schönheitsmerkmale für einen Zimmer-Bonsai gibt, dann sind es diese sechs:

ein gesundes, kräftiges Aussehen,
eine klare Form – siehe Kapitel: „Gestaltung Ihrer Zimmer-Bonsai",
ein Stamm, der sich nach oben gleichmäßig verjüngt,
Äste, die sich nach außen verjüngen und der Krone zu immer feiner werden,
Wurzeln, die sich gleichmäßig vom Stammansatz nach allen Richtungen ausbreiten, aber nicht überkreuzen,
Blätter, die in ihrer Größe zum Baum passen, gesund und kräftig sind.

Fachgerechte Schnittstelle: gut verheilte Narbe.

Viele Sammler fragen sich auch, ob der Wert eines Bonsai durch sichtbare Schnittstellen beeinträchtigt wird. Die Antwort lautet: Nein. Wenn die Schnitte fachgerecht, sauber und konkav durchgeführt werden und deshalb gut verheilen können, tragen sie zum Charakter des Bäumchens bei, ohne seine Schönheit zu beeinträchtigen.

Was kostet ein Indoor?

Jungpflanzen (1 bis 3 Jahre), die Sie ja erst selbst zum Zimmer-Bonsai machen, können Sie schon für 6,– bis 15,– DM erwerben. Ein wirklich schöner Indoor – immer mit Schale – kostet mehr als 100 Mark; für einen Solitär bezahlt der Sammler oft mehrere tausend. Wenn Sie über diese Beträge nachdenken, vergessen Sie nicht, daß technische Produkte, die in Minuten serienmäßig produziert werden, häufig ein Vielfaches davon kosten. Führen Sie sich vor Augen, daß ein gestalteter Bonsai oft das Lebenswerk eines Menschen ist und ein einmaliges Kunstwerk darstellt. In ihm stecken viele Jahre Kraft, Geduld und Hingabe seines Künstlers.

Wenn Sie einen kostbaren Indoor so betrachten, werden Sie seinen Wert erkennen.

Ficus retusa aus der Sammlung Lian Lin – ca. 60 Jahre alt, 55 cm groß.

Was ist ein Solitär?

Indoors – die besonders schön gewachsen und mindestens 15 Jahre alt sind, dürfen sich Solitär nennen. Unter den Zimmer-Bonsai, die ja eine weniger lange Tradition als die Bonsai für draußen haben, ist ein Solitär heute noch fast eine Rarität, auf die jeder Besitzer mit Recht sehr stolz sein kann.

Wo kauft man am besten?

Bonsai-Fachhändler, Blumengeschäfte und Gartencenter mit Bonsai-Abteilungen gibt es heute schon in jeder Stadt. Nicht alle Bonsai-Geschäfte führen auch Indoors. Vielleicht müssen Sie ein bißchen suchen. Den Bonsai-Fachmann erkennen Sie aber nicht immer an der Vielfalt seines Angebots. Es gibt manches kleine Bonsai-Geschäft mit einer begrenzten Auswahl, hinter dem ein echter Liebhaber steht, der auch über Zimmer-Bonsai gut Bescheid weiß. Je mehr Sie über die Pflege und die Herkunft Ihres Bäumchens vom Verkäufer erfahren, je besser er Sie über Schneiden, Umtopfen und Gestalten beraten kann, desto sicherer können Sie sein, daß Sie an der richtigen Adresse sind.

Für alle Fragen, auf die Sie sich eine fachkundige Antwort wünschen, für neue Ideen und anregende Gedanken erfahrener Bonsai-Freunde gibt es seit einigen Jahren auch bei uns einen Bonsai-Club, dessen Anschrift wir Ihnen im Anhang nennen. Allein die vierteljährliche Club-Zeitschrift versorgt jedes Mitglied mit einer Fülle von Anregungen und Informationen. Außerdem werden immer wieder Arbeitskreise und Clubseminare in fast jeder größeren Stadt abgehalten, in denen Sie die Feinheiten der Gestaltung und Pflege lernen können.

Wichtig für den Indoor-Kauf

Gute Fachgeschäfte erkennt man an der Beratung.

Prüfen Sie den Erdballen, bevor Sie eine Pflanze kaufen. Er soll gut durchwurzelt sein.

Das Alter ist nur ein Merkmal für den Wert. Speziell bei Indoors sind Form und Gestalt mindestens ebenso wichtig. Ein objektiver Preisvergleich ist schwer. Jeder Indoor ist anders. Für Anregungen und Beratung empfehlen wir den Bonsai-Club (Anschrift im Anhang).

Ficus retusa – ca. 60 Jahre alt, 75 cm hoch.

Tropische und subtropische Pflanzen, die sich für die Indoor-Gestaltung eignen.

Alle Pflanzenarten der nachfolgenden Liste sind schon erfolgreich als Bonsai gestaltet worden. Viele von ihnen wurden vor allem in amerikanischen, indischen und chinesischen Bonsai-Fachbüchern beschrieben.
In ihrer subtropischen und tropischen Heimat Outdoors, sind sie bei uns als Bonsai für die Wohnung geeignet.
Wir haben hauptsächlich Bäume und Sträucher ausgewählt, die Sie als Topfpflanzen entweder in Blumengeschäften oder Gartencentern bekommen oder in Ihren Urlaubsländern am Mittelmeer selbst sammeln können. Vielleicht finden Sie nicht immer die beschriebenen Species, sondern Verwandte dieser Pflanzenfamilie, die aber in ihren Pflegeansprüchen meist ähnlich sind. Vielleicht hilft Ihnen auch ein Botanischer Garten in Ihrer Nähe mit Ablegern und Stecklingen. Viele Indoors gibt es inzwischen auch im Bonsai-Fachhandel, und es werden von Jahr zu Jahr mehr Arten angeboten.

Acacia baileyana
Akazie, „Mimose"

Subtropische und tropische Bäume mit ansprechender Wuchsform, gefiederten, kleinen Blättern und goldgelben, duftenden Blüten.
Für die Bonsai-Gestaltung eignen sich besonders die auch in der Natur kleiner bleibenden Acacia baileyana und Acacia farnesiana. Beide Arten werden bei uns in Europa vor allem an der französischen Riviera angepflanzt.
Acacia baileyana muß kühl überwintert werden; Acacia farnesiana kann sich wärmeren Temperaturen im Haus anpassen. Nur etwa alle 2 Jahre umtopfen.

Albizia julibrissin
Seidenakazie

Laubabwerfende Bäume mit gefiederten Blättern und hell-rosa Blüten, in den Tropen und Subtropen der Alten und Neuen Welt weit verbreitet; bei uns im Tessin und am Mittelmeer angepflanzt, daher als „Kalthaus-Bonsai" heranziehen.

Ardisia crenata Spitzblume	Immergrüne, sehr klein wachsende Bäume und Sträucher mit weißlichen Blüten und erbsengroßen, roten Beerenfrüchten. Reizvoll als Bonsai, da sich die Früchte mehrere Monate halten, wenn die Pflanze sehr hell steht und bei 15–18°C überwintert wird. Ardisien neigen nicht zu großer Verzweigung.
Araucaria heterophylla (excelsa) Zimmertanne	Einer der bekanntesten Bäume subtropischer Landschaften, unproblematisch als Indoor-Bonsai, verträgt warme Temperaturen und nimmt Trokkenheit nicht übel, möchte keine pralle Sonne.
Bougainvillea glabra Drillingsblume	Ein dekorativer Zierstrauch mit sehr schönen weißen, purpurroten bis lila Blüten. Um die Bougainvillien immer wieder zum Blühen zu bringen, ist eine winterliche Ruhezeit bei niedrigen Temperaturen erforderlich. Ab März Pflanze hell und warm stellen. Im Winter sparsam, im Sommer reichlich gießen. Die Bougainvillien werfen ihr Laub ab, wenn sie warm (über +18°) überwintern oder zu feucht gehalten werden.
Bucida spinosa Schwarze Zwerg-Olive	Dieser zierliche karibische Baum wächst fast von selbst in eine Bonsai-Form. Gut wässern, Wurzeln jährlich im Februar leicht zurückschneiden. Neue Triebe nur wenig einkürzen (abzupfen).
Bursera simaruba Balsambaum	Der amerikanische Balsambaum kann in seiner karibischen Heimat bis zu 15 m hoch werden; auffallend durch seinen rotbraunen Stamm, an dem sich die Borke wie durchsichtiges Papier ablöst. Er hat gefiederte Blätter und grünlich-gelbe Blüten. Alle Teile des Baumes sind aromatisch. Bursera simaruba ist als Indoor-Bonsai anspruchslos, verträgt Wärme und Trockenheit. Stecklinge bewurzeln sehr schnell in feuchter Erde.
Cinnamomum camphora Kampferbaum	Kampferbäume sind im tropischen und subtropischen Asien zu finden. Sie können bis zu 40 m hoch werden und bilden mächtige Stämme aus, die von dicker, rissiger Rinde bedeckt sind. Die eiförmigen, dichtwachsenden, glänzenden Blätter sind oft etwas zu groß für die Bonsai-Gestalt des Bau-

mes, können aber nach und nach verkleinert werden. Kampferbäume möchten einen hellen, mäßig warmen Standort.

Cotoneaster microphyllus, C. microphyllus cochleatus
Felsenmispel

sind immergrüne, langsam wachsende, kleinblättrige Mispelarten mit weißen Blüten und roten Beeren – bei „Kalthausklima" sehr schöne Indoors und auch hervorragend für die Miniatur-Bonsaigestaltung geeignet.

Cuphea hyssopifolia
Köcherblümchen
Jap. Myrte

Ein Miniaturstrauch Mittelamerikas mit kleinen, schmalen Blättern und zierlichen, purpurroten Blüten, gut auch als Miniaturbonsai. Pflanze nicht ballentrocken werden lassen, immer leicht feucht halten. Sonniger, warmer Standort wichtig.

Eugenia brasiliensis
Kirschmyrte

Ein immergrüner Zierstrauch mit glänzend-grünem Blattwerk, rotem Neuaustrieb und weißen Blütenrispen. Sehr gute Lichtverhältnisse sind erforderlich, damit das Bäumchen seine eßbaren, tiefroten Früchte entwickeln kann. Wie alle Myrtengewächse mag auch die Eugenia eine leicht saure Erde, kann aber wesentlich wärmer als ihre Verwandten überwintern, bei etwa 18–20°C.

Chamaecyparis pisifera Plumosa, Ch. pisifera Nana Aurea und Ch. pisifera Squarrosa
Scheinzypresse

Die meisten Scheinzypressen eignen sich nur als Outdoor-Bonsai; diese jedoch gedeihen auch als Indoors und vertragen etwas höhere Temperaturen, wenn ihr Blattwerk öfter übersprüht wird, doch nie direkt auf eine Heizung stellen. Ideal ist aber ein kühler, sehr heller, luftiger Fensterplatz. Das ganze Jahr über mäßig gießen und vor erneutem Gießen etwas antrocknen lassen.

Cytisus racemosus
Ginster

Die bei uns so beliebte, im März und April reichlich gelb-blühende Heckenpflanze kann auch als Indoor-Bonsai gut gedeihen. Voraussetzung hierfür sind Kalthausbedingungen: ein luftiger, heller, kühler Überwinterungsplatz bei 8–12°C. Ginster-Bonsai mögen kalkhaltigen Boden.

Citrus microcarpa	siehe Fortunella hindsii
Coffea arabica und C. robusta Kaffeestrauch	Mit seinen immergrünen, dunkelgrün-glänzenden Blättern, sternförmigen, weißen Blüten im Sommer und roten Beerenfrüchten im Herbst ist das tropische Kaffeebäumchen das ganze Jahr über reizvoll. Im Sommer eher halbschattig, nicht ans heiße Südfenster; im Winter sehr hell stellen. Während der Wachstumszeit öfter übersprühen und reichlich; im Winter, je nach Raumtemperatur, sparsamer gießen, aber nicht ballentrocken werden lassen. Ideale Überwinterungstemperaturen: 16–22°C.
Calliandra Rotkopf, Puderballbaum	Immergrüne, mimosenähnliche, kleine Sträucher mit gefiederten Blättern und dekorativen weißen oder roten Blüten. Sie sind in den Tropen Amerikas und Asiens beheimatet und bei uns am Mittelmeer zu finden. Sie gedeihen als Indoor-Bonsai an einem warmen, sonnigen Fensterplatz. Gleichmäßig feucht halten; bei höheren Temperaturen etwas mehr gießen.
Carissa macrocarpa Natalpflanze	Zu der Familie der Wachsbäume gehört dieser tropische, immergrüne, kleinblättrige, dornige Strauch. An einem sehr hellen Standort entwickelt er duftende, weiß-rosa Blüten und eßbare, dunkelrote Früchte. Mäßig gießen, warm überwintern. Nur im Herbst und Winter umtopfen, dabei Wurzeln wenig zurückschneiden.
Cassia marilandica Kassie, Gewürzrinde	Die Cassia marylandica gehört zu den alten Arzneipflanzen der nordamerikanischen Indianer. Sie hat einen leicht verholzten Stamm, feine zusammengesetzte Blättchen, gelbe Blütchen und wird auch in der Natur nur 0,5–1 m hoch. Als Indoor-Bonsai verträgt sie auch etwas höhere Temperaturen als z.B. Cassia angustifolia und andere Cassia-Arten, die im subtropischen Mittelmeergebiet häufig als Topf- und Kübelpflanzen zu finden sind. Sie können bei uns als „Kalthaus-Bonsai" gezogen werden. Kühl stellen!

Die zierliche Strauchmargerite stammt von den Kanarischen Inseln; ein in der Natur 50–150 cm hoher Strauch, der auch als Indoor fast das ganze Jahr über mit vielen margeritenähnlichen Blüten besetzt ist.
Ein sehr hübsches, kräftig wachsendes Bäumchen. Kalthausbedingungen: heller Standort, kühle Überwinterung, mäßig gießen.

Chrysanthemum frutescens
Margarite

Eine große Anzahl dieser tropischen, holzigen Gräser ist bei uns auch am Mittelmeer zu finden; für Indoor-Pflanzungen ist Bambusa multiplex besonders geeignet. Es möchte einen sehr hellen Standort (pralle Sonne im Sommer vermeiden), viel Wasser und bei 20–22°C überwintern. Bei Bambusgräsern entwickeln sich die neuen Blätter in der Triebspitze. Sie werden ausgezupft, bevor sie sich aufrollen, wenn der Bonsai kompakt bleiben soll.

Bambusa multiplex
Bambus

Immergrüne, dekorative Sträucher mit ledrigen, dunkelgrünen Blättern, kleinen Blüten und kugeligen, schwarzen Früchten. Warm überwintern und immer feucht halten.

Eurya japonica
Jap. Schwarzbeere

Ficus benjamina, Ficus buxifolia, Ficus diversifolia, Ficus natalensis, Ficus neriifolia reg., Ficus pumila minima, Ficus retusa nitida, Ficus ben. Starlight... Alle kleinblättrigen Ficus-Arten eignen sich hervorragend für die Bonsai-Gestaltung. Sie wird auf Seite 42 genau beschrieben.

Ficus
Feige,
Gummibaum

Ein dekorativer, kleiner Strauch mit dünnen, zarten Zweigen und schönen, purpurroten Blüten von Juli bis Oktober, bleibt als Kalthausbonsai gezogen, immergrün. Pflege wie Fuchsie, Seite 52.

Fuchsia magellanica „Gracilis"
Fuchsie

Dieser dichtwachsende karibische Baum hat eine auffallend weiß-graue Rinde und entwickelt auch als Bonsai intensiv blaue Blüten, wenn er sehr hell steht. Warm überwintern. Besser durch Schneiden gestalten, da die Äste sehr hart und wenig biegsam sind. Vor erneutem Gießen Erde leicht antrocknen lassen.

Guaiacum officinale
Blauer Thomas,
Porkholz

Hedera helix Efeu	Eine robuste Zimmerpflanze, die einen kälteren wie wärmeren Standort gut verträgt. Allerdings dauert es einige Zeit, bis sie ein dickeres Stämmchen, also „Baumcharakter", entwickelt hat.
Hibiscus rosa – sinensis Chin. Roseneibisch	In den Subtropen ein wüchsiges, kleines Bäumchen; bei uns eine seit langem beliebte, immergrüne Topfpflanze mit glänzend-grünen Blättern und großen, trichterförmigen, rosa-roten Blüten. Bei 12–15°C überwintern und während der Wachstums- und Blütezeit reichlicher gießen. Der Roseneibisch kann leicht als Bonsai gestaltet werden.
Hibiscus tiliaceus Stundeneibisch	Er kann sehr warm überwintert werden. Ein sehr heller Standort ist wichtig für die Blatt- und Blütenbildung. Vor jedem Gießen etwas antrocknen lassen. Diese Hibiscus-Art verträgt einen starken Rückschnitt.
Ilex crenata, Ilex crenata Marisii Stechpalme	Niedrigwachsende Stechpalmenarten mit kleinen Blättern. Eine Bonsai-Gestaltung wird besser durch Schneiden als durch Drahten erreicht, denn Stechpalmenzweige sind brüchig. Bei Ilex vomitoria entwickeln die weiblichen Pflanzen rote Beeren, falls ihre Blüten vorher bestäubt wurden.
Ixora javanica Krappblume	Mit ihren glutroten Blütenständen gehören die Ixoren zu den prächtigsten Ziersträuchern der Tropen. Als Zimmerbonsai gezogen, möchten sie leicht saure Erde, wachsen auch bei weniger Licht, blühen aber nur an einem sehr hellen Fensterplatz und ganzjährigen Temperaturen um 18–22°C.
Leptospermum scoparium Australische Myrte	Dieser zu den Myrtengewächsen gehörende Zierstrauch aus Neuseeland entwickelt nadelförmige, stachelspitze Blätter und kleine, weiße, rosenähnliche Blüten. Hell und kühl stellen, immer feucht halten und die Wurzeln nur wenig zurückschneiden.

Immergrüne japanische Liguster werden wegen ihres schönen, glänzend-grünen Blattwerks auch als Indoor-Bonsai gezogen, Ligustrum lucidum zusätzlich wegen seiner Blütenpracht. Beide Arten möchten kühl überwintern, können sich aber auch wärmeren Temperaturen anpassen.	**Ligustrum japonicum, Ligustrum jap. rotundifolium**
Als Heckenpflanze bei uns beliebt, eignet sich dieser ursprünglich aus China stammende, immergrüne Strauch auch zur Bonsai-Gestaltung. Er hat einen kräftigen Wuchs, kleine Blätter, duftende, weiße Blüten und möchte hell und kühl stehen.	**Lonicera nitida** Heckenkirsche, Geißblatt
Ein tropischer Zierstrauch aus Madagaskar mit wellig-gelappten, stark geäderten Blättern, die allmählich auf „Bonsai-Größe" verkleinert werden können. Das Bäumchen kann allein durch Rückschnitt gestaltet werden. Sehr hell und warm überwintern.	**Nicodemia diversifolia** Zimmer-Eiche
In der Natur eindrucksvoll große, immergrüne Bäume. Ihre Wuchsfreudigkeit und ihre kleinen Blätter machen sie „bonsai-tauglich". Nur mäßig gießen, aber nicht austrocknen lassen. Hell und kühl stellen.	**Nothofagus cunninghamii** Scheinbuche
Von den Pelargonien, bei uns auch als Geranien bezeichnet, eignet sich diese kleinbleibende Art mit ihren herzförmig-nierenförmigen, graugrünen Blättchen und rosa bis tiefroten Blüten besonders gut für die Bonsai-Gestaltung. Die Pelargonie möchte einen sehr hellen Standort und mäßig gegossen werden; wirft die Blätter ab, wenn sie zu naß steht. Überwinterungstemperaturen von 16–20°C sind ideal, etwas höhere Temperaturen auch möglich.	**Pelargonium rhodanthum** Rosenblütige Pelargonie
Immergrüne, zierliche, heidekrautähnliche Sträucher mit schmalen, nadelförmigen Blättchen und weißen Blütenbüscheln – hübsche Indoors bei „Kalthausklima". Sehr hell und sonnig stellen, mäßig gießen, antrocknen lassen, gießen mit kalkarmem Wasser.	**Phylica ericoides** Kapmyrte

Pistacia Pistazie	Subtropische, sommergrüne und immergrüne Sträucher mit gefiederten Blättern und bei Pistacia terebinthus leuchtendroten Früchten im Herbst. Am Mittelmeer, in Asien und Amerika beheimatet – bei uns als Kalthausbonsai zu ziehen. Sehr hell stellen und mäßig gießen.
Pittosporum tobira Klebsamen	Ein subtropisches, immergrünes, dicht wachsendes Bäumchen mit lederartigen, glänzend dunkelgrünen Blättern und stark duftenden, weißen Blüten (April – Juni). Als Indoor-Bonsai möchte es hell und kühl stehen und wie die Myrte behandelt werden.
Psidium cattleianum Erdbeerguave	Immergrüner, schnell wachsender, tropischer Strauch mit interessant gefleckter Rinde und weißen Blüten; in Südamerika wegen seiner runden, purpurroten, eßbaren Früchte angebaut, die er auch als Bonsai entwickeln kann. Die Erdbeerguave kann warm überwintern und braucht einen hellen Platz.
Pyracantha Feuerdorn	Arten wie P. angustifolia und P. crenata-serrata, bei uns beliebte immergrüne Heckenpflanzen, sind mit ihren kleinen Blättern, weißen Blütchen im Frühjahr und rotem Beerenschmuck im Herbst auch dekorative Indoor-Bonsai. Sie möchten im Winter kühl stehen und während der Blüte und Fruchtreife reichlich, sonst mäßig gegossen werden.
Quercus suber Korkeiche	Ein immergrüner, knorriger Baum des Mittelmeerraums, für die Bonsai-Gestaltung empfehlenswert. Korkeichen brauchen ein „Kalthausklima", werden mäßig gegossen und nur etwa alle 2–3 Jahre umgetopft. Wurzeln nur wenig zurückschneiden. Wenn Sie die Pflanzen sammeln, nur jüngere Exemplare auswählen, denn ältere vertragen keinen starken Wurzelschnitt.
Raphiolepsis indica	Ein dekorativer, niedrig bleibender, langsam wachsender Zierstrauch mit ledrigen Blättern und weiß-rosa Blüten, später blauschwarzen Früchten. Als Bonsai nur durch Schneiden gestalten, denn seine brüchigen Zweige sind schwer zu drahten.

Für diesen subtropischen Strauch sind Kalthausbedingungen ideal; er kann sich aber auch wärmeren Temperaturen anpassen.	
Dieses immergrüne, aromatische Kraut kann auch als Indoor-Bonsai gezogen werden. Wählen Sie eine Pflanze mit schon verholztem Stämmchen aus. Rosmarin hat nadelförmige, grüne Blätter, kleine weißlich-blaue oder malvenfarbige Blüten im Frühjahr und ist wuchsfreudig, wenn es an einem sehr hellen Südfenster steht. Kalthausklima!	**Rosmarinus officinalis** Rosmarin
Ein laubabwerfender Nadelbaum, dekorativ als Indoor-Bonsai. Er möchte kühl und trocken überwintern, wirft in dieser Zeit sein Laub ab und braucht ab dem Neuaustrieb im Frühjahr einen sehr hellen, luftigen Platz und sehr viel Wasser.	**Taxodium distichum** Sumpfzypresse
Ein immergrüner Strauch mit länglichen, lederartigen Blättern und stark duftenden, weißen Blüten in end- und achselständigen Trauben. Ein hübsches Indoor-Bäumchen, das sich bei Kalthaus-Bedingungen gut entwickelt.	**Trachelospermum jasminoides** Sternjasmin
Ein tropischer, immergrüner Strauch mit schmalen Ästen und dekorativen, fuchsienähnlichen, weißen Blüten. Als junge Pflanze zum Indoor formen, warm überwintern bei 18–22°C; öfter übersprühen, denn das Bäumchen liebt eine hohe Luftfeuchtigkeit, und reichlich während seiner langen Blütezeit gießen.	**Wrigthia** oder Holarrhena antidysenteria

Bonsai-Fachhandel

Bonsai-Centrum Edling
Budapester Str. 2
1000 Berlin 30
Tel.: 0 30/26 02 12 48

Japan Bonsai
Inh. Pfeifer
Krumme Str. 52/Ecke Kantstr.
1000 Berlin 12
Tel.: 0 30/3 12 13 58

Bonsai- und Blumenboutique 46
Inh. Christian Gromadecki
Mehringdamm 46
1000 Berlin 61
Tel.: 0 30/7 86 74 27
Fax: 0 30/7 85 97 66

Pluta Gartencenter
Marienfelde
Buckower Chaussee 76–79
1000 Berlin 48
Tel.: 0 30/7 20 05-0

Die Palme
G. Seidler
Kurfürstendamm 102
1000 Berlin 31
Tel.: 0 30/8 92 46 40
8 92 46 33

Pflanzencenter in Steglitz
Inh. Dipl.-Ing. H. Babazadeh
Schloßstr. 34/35
1000 Berlin 41
Tel.: 0 30/7 91 32 51

Wolfgang Bulda
Rübenkamp 5d
2000 Hamburg 60
Tel.: 0 40/6 90 25 56

Bonsai-Garten
W. Tunnat
Gärtnerstr. 24
2000 Hamburg 20
Tel.: 0 40/4 20 50 12

Jörgensen-Bonsai
Vertriebs GmbH
Bredkamp 62–64
2000 Hamburg 55
Tel.: 0 40/87 72 70
Fax: 0 40/87 65 44

Bonsai-Fachgeschäft
S. Markwart
Röpraredder 2
2050 Hamburg 80
Tel.: 0 40/7 38 55 90

Blumenfox
Lloydpassage 8
2800 Bremen 1
Tel.: 04 21/1 50 31
Fax.: 04 21/1 39 42

Bonsai Börse
Bernward Wagner
Leipziger Str. 49
2800 Bremen 1
Tel.: 04 21/37 08 34

Miniaturbaum KG
Bonsai-Centrum Hannover GmbH
Hebbelstraße 67
3000 Hannover 1
Tel.: 05 11/69 12 22
TTX.: 05 118 364

Bonsai-Studio
Horst Daute
Luisenstr./Ernst-August-Platz 7
3000 Hannover 1
Tel.: 05 11/32 32 58

Bonsai-Studio
Müller
Spandauer Weg 16
3400 Göttingen/Geismar
Tel.: 05 51/79 11 77

Blumen-Schmid
Fuldatalstr. 26
3500 Kassel
Tel.: 05 61/87 38 91

Bonsai-Stube
Wilhelmshöher Allee 69/99
ab 1. 10. 1990
3500 Kassel
Tel.: 05 61/78 01 11

Bonsai-Werkstatt
Werner M. Busch
Hammer Dorfstraße 167
4000 Düsseldorf 1
Tel.: 02 11/30 67 73

Bonsai-Centrum Neuss
Baumschule Nabben
Schwarzer Weg 19
4040 Neuss-Reuschenberg
Tel.: 0 21 01/46 44 78

Bonsai-Garten
Mönchengladbach
Walter Brandt
Geistenbecker Straße 81
4050 Mönchengladbach 3
Tel.: 0 21 66/1 68 06

Bonsai-Zentrum Niederrhein
Wolfgang Dethmers
Hülsdonker Str. 57
4130 Moers 1
Tel.: 0 28 41/12 15

Bonsai Blumen Botanikum
Inh. Wilfried Geßner
Grünstraße 39
4230 Wesel
Tel.: 02 81/6 61 61

Bonsai Galerie Blumen
Monika Kempchen
I. Weberstraße 3–5
4300 Essen
Tel.: 02 01/23 54 76

Bonsai-Zentrum Münster
Dipl.-Ing. Wolfgang Klemend
Weseler Str. 57
4400 Münster
Tel.: 02 51/52 64 99

Rolf-Gerd Meyer B.G.L. GmbH
Am Gut Sandfort 10–12
4500 Osnabrück
Tel.: 05 41/3 73 45/3 73 46
Fax: 05 41/3 73 47

Blumen Paradies
Bremer Str. 40
4800 Bielefeld
Tel.: 05 21/6 03 94
6 93 30

Bonsaischule Enger
Hermann Pieper
Feldstr. 21
4904 Enger/Steinbeck
Tel.: 0 52 24/58 79

Blumen Herold
Inh. H. W. Willms
Hahnenstr. 33/Gürzenichstr. 4
5000 Köln
Tel.: 02 21/21 21 81
21 31 81

Bonsai-Werkstatt
Werner M. Busch
Christian-Klausmann-Straße 6
5024 Pulheim-Stommeln
Tel.: 0 22 38/25 94

Bonsai-Schule
Schneider-Odenthal
5068 Odenthal-Scheuren
Tel.: 0 22 07/24 27

Blumen Giesen
Bonsai-Center –
Hydrokulturen
Trierer Straße 791
5100 Aachen-Brand
Tel.: 02 41/52 62 29

Bärbel und F. J. Pies
Indoor Bonsai
Kakteen/Exotica
Markusstraße 1
5144 Wegberg
Tel.: 0 24 34/56 15

Blumen Kiekuth – Gartencenter
Hydro-Studio – Bonsai-Centrum
Wittener Str. 306
5600 Wuppertal-Oberbarmen
Tel.: 02 02/66 10 30
Fax: 02 02/64 51 87

Bonsai-Zentrum Frankfurt
(Nähe Zoo)
Sandweg 6
6000 Frankfurt/Main 1
Tel.: 0 69/43 24 01

Bonsai-Studio Horlache
H. Schluckebier
Kranichstr. 47
6090 Rüsselsheim
Tel.: 0 61 42/5 12 59

Bonsai-Centrum Darmstadt
Erbacher Straße 105
Stadtgeschäft Luisenstr. 26
6100 Darmstadt
Tel.: 0 61 51/4 42 85
2 58 96

Firma
Bonsai-Garten
H. P. Wittek
Schaafheimer Straße 3
6113 Babenhausen
Tel.: 0 60 73/6 14 75

Bonsai-Studio Kögler
Oranienstr. 12 im Hof
6200 Wiesbaden
Tel.: 0 61 21/40 01 45
ab Sept. 1990 06 11/90 06 11

Bonsai-Centrum Wiesbaden
W. Hohensee
Friedrich-Naumann-Str. 18a
6200 Wiesbaden
Tel.: 0 61 21/40 24 11
Ab Sept. 1990 06 11/40 24 11

Bonsai-Kunst
Hanne Schulz
Zur Gerbermühle 7
6200 Wiesbaden-Breckenheim
Tel.: 0 61 22/1 22 85

Bonsai
Alexa Dengler
Sudetenstr. 3
6253 Hadamar 2
Tel.: 0 64 33/28 53

Helgas Bonsai-Garten
Altenfeldsweg 9
6300 Gießen
Tel.: 06 41/49 25 07

Bonsai-Studio
Blumen-Meier
Langgasse 68/
Krämerstraße 17
6330 Wetzlar
Tel.: 0 64 41/4 20 84/85

Bonsai Rüger
Frauengartenring 41
6369 Schöneck 1 (Kilianst.)
Tel.: 0 61 87/85 79-62 19

Bonsai-Garten
H. Peschmann
Adenauer Allee 9
6370 Oberursel
Tel.: 0 61 71/5 71 50

Bonsai-Studio Altenstadt
Christa Triesch
Pappelweg 8
6472 Altenstadt 1
Tel.: 0 60 47/12 38

Blumen-Wolf
Ihr Florist in Mainz
Bahnhofstr. 2B und
im Hauptbahnhof
6500 Mainz
Tel.: 0 61 31/22 24 27
Fax: 0 61 31/22 39 06

Bonsai-Kunst Kiefer
Stephanstr. 3
6600 Saarbrücken
Tel.: 06 81/3 44 46

Pflanzenstudio Lauer
Peter Lauer
Saarbrücker Straße 16
6646 Losheim
Tel.: 0 68 72/48 81
Fax: 0 68 72/75 78

Blumen Koch
Wormser Str. 80
6710 Frankenthal
Tel.: 0 62 33/2 19 12

Blumen Bihl
Wilhelmstraße 63
6840 Lampertheim
Tel.: 0 62 06/5 46 54

Bonsai-Centrum Heidelberg
Mannheimer Str. 401
6900 Heidelberg 1
Tel.: 0 62 21/8 20 19
ab Sept. 1990 0 62 21/83 60 19
Fax: 0 62 21/83 35 29

Bonsai-Studio Birkenau
Zimmerstraße 1–3
6943 Birkenau/Odw.
Tel.: 0 62 01/3 13 76

Bonsai-Studio
Heinz Heim
Schlachthausstr. 22
7060 Schorndorf
Tel.: 0 71 81/6 29 04

Bonsai-Studio
Werkstatt und Gestaltung
Heinz Flinspach
Wilhelm-Schmid-Straße 15
7129 Bra.-Meimsheim
Tel.: 0 71 35/81 89

Bonsai-Centrum-Enz
Inh. W. Schniz
Brunnengasse 17
7130 Mühlacker-Dürrmenz
Scheune
Tel.: 0 70 41/25 85

Bonsai-Studio Tuttlingen
A. König
Rotwildstr. 30
7200 Tuttlingen
Tel.: 0 74 61/42 57

Bonsai-Zentrum Tübingen
Joachim Armbruster
Aeulestraße 4
7400 Tübingen-Lustnau
Tel.: 0 70 71/8 72 67
ab 1991:
Edlemannsweg 28
7406 Mössingen

Bonsai-Studio
Frank Hartlieb
Lange Straße 31
7440 Nürtingen
Tel.: 0 70 22/4 98 65
nur nach tel. Vereinbarung

Günter Beck
Bonsai & Kunstgewerbe
Josef-Schmitt-Straße 27
7500 Karlsruhe 21
Tel.: 07 21/75 89 18
nur nach tel. Voranmeldung

Baumschule
Edwin Klotz
Peter-Frank-Straße 24
7520 Bruchsal/an der B3
Tel.: 0 72 51/25 94

Bonsai-Studio
Tilo Rollwa
Bahnhofstraße 30
7534 Birkenfeld
Tel.: 0 72 31/48 11 04

Rastatter Bonsai
H. Klingmann
Im Wiesenfeld 2
7550 Rastatt
Tel.: 0 72 22/2 30 49

Bonsai-Studio Baden-Baden
Friesenbergstr. 27
7570 Baden-Baden
Tel.: 0 72 21/2 62 85

Otmar Rösch GdbR
Baumschulen
Am Achernsee 2
7590 Achern

Bonsai-Schule Brandt
Südbadens große Bonsai-Gärtnerei
Mittlere Oberaustraße 7
7635 Schwanau-Nonnenweier
Tel.: 0 78 24/22 95

Alpha Flor
Salzstraße 1 (Eingang Drehergasse)
7800 Freiburg
Tel.: 07 61/3 46 46

Gärtnerei und Blumenhaus
Müller
Am Hockenbuck 1
7801 Schallstadt
Tel.: 0 76 64/66 53

Bonsai-Centrum München
A. Bauer
Schleißheimerstr. 458
8000 München 45
Tel.: 0 89/3 13 10 26/27

Hydroland
Christine Zauner
Auenstraße 4
8068 Pfaffenhofen
Tel.: 0 84 41/7 24 64

Bonsai Garten Rosenheim
Gerhard Vorderwühlbecke
An der Mangfall 1
8200 Rosenheim
Tel.: 0 80 31/1 67 92/4 11 48
(in der Baumschule Ludwig)

Blumenhaus
Dieter Schüßler
Bahnhofstr. 24
8260 Mühldorf/Inn
Tel.: 0 86 31/1 41 99

Bonsai Garten Töging
L. Schüßler
Pettenkofer Straße 37
8261 Töging
Tel.: 0 86 31/9 44 68

Blumen Bierhals
Inh. H. Erzberger
Im Rathaus
8450 Amberg
Tel.: 0 96 21/1 21 58

Bonsai-Zentrale
Weißfloch/Krauß/Höfleser
Hauptstraße 5
8500 Nürnberg 1
Tel.: 09 11/22 68 06

Bonsai und Garten
R. Janker/D. Keil
Zeppelinstr. 11
8520 Erlangen
Tel.: 0 91 31/30 11 79

Bonsai-Centrum
Langensendelbach
Günter Weigand
Adlitzer Weg 5
8521 Langensendelbach/Erlangen
Tel.: 0 91 33/32 24

Blumen-Basad
Inh. Gisela Basad
Martin-Luther-Straße 4
8590 Marktredwitz
Tel.: 0 92 31/6 16 08

Bonsai-Lädchen
Volker Eppler
Rosenstraße 9
8741 Wülfershausen/Saale
Tel.: 0 97 62/15 93

Blumen-Frohsinn GmbH
Hubert Groha
Frohsinnstr. 9
8750 Aschaffenburg
Tel.: 0 60 21/2 26 49

Bonsai-Gärtchen
E. Karpf
Kettler Straße 4
8755 Alzenau
Tel.: 0 60 23/24 87

Bonsai-Galerie
Bonsai- und Japangartenausstellung
Hohenloher Straße 60
8802 Burgoberbach/b. Ansbach
Tel.: 0 98 05/5 19

Dehner
Stammhaus mit Garten-Center
und Zoo
8852 Rain am Lech
Tel.: 0 90 02/*7 70

Allgäuer Bonsaihöfle
Ringweg 7
8950 Kaufbeuren
Tel.: 0 83 41/48 75

Kutter Gartencenter
An der Oberstdorfer Straße
8960 Kempten
Tel.: 08 31/2 50 57

Austria Bonsai
Gottfried Kattnig
Oberweng 12
A-9545 Radenthein
Tel.: 00 43/42 46 31 14

Bonsai-Zentrum
Hermann Zulauf AG
CH-5107 Schinznach-Dorf
Tel.: 00 41/56 43 22 23

Schweizer Bonsai-Club
Postfach
CH-5107 Schinznach-Dorf
Tel.: 00 41 56/43 22 33

Katalog
Bonsai-Katalog in Farbe
Bonsai-Centrum Heidelberg
Mannheimer Str. 401
6900 Heidelberg
Schutzgebühr DM 5,–

Bonsai-Museum
Öffnungszeiten:
Mo–So 10.00–16.00 Uhr
Mannheimer Str. 401
6900 Heidelberg
Tel.: 0 62 21/8 20 19
neue Nr. ab September 1990
0 62 21/83 60 19

Bonsai-Bücher

Fachbuch, 200 Seiten
Bonsai Miniatur-Bäume
Verlag: Bonsai-Centrum Heidelberg
und BLV-Verlag, München

Taschenbuch, 126 Seiten
Bonsai Miniaturbäume, Gestaltung, Pflege und Anzucht
Paul Lesniewicz, Hideo Kato
Knaur-Verlag, München

Bildband, 185 Seiten
Die Welt des Bonsai
Verlag: Bonsai-Centrum Heidelberg
und BLV-Verlag, München

Taschenbuch, 200 Seiten
Bonsai für die Wohnung
Verlag: Bonsai-Centrum Heidelberg
und BLV-Verlag, München

Bildband, 48 Seiten
„Bonsai“
Der kleine Bildband von
Paul Lesniewicz,
Ellert & Richter-Verlag
und Bonsai-Centrum Heidelberg

Bonsai-Technik 1
Bonsai-Technik 2
John Naka
John Naka's bewährte
Bonsai-Technik
Verlag Bonsai-Centrum
Heidelberg

Bildband, 64 Seiten
„Penjing“ I. Lesniewicz
Chinesische Miniaturbäume
Verlag Bonsai-Centrum
Heidelberg

Olea europaea.
Alter ca. 75 Jahre,
Größe 68 cm.
Aus der Sammlung
Guido Degl'
Innocenti, Italien.